Renate & Uwe H. Sültz

Bücher von A bis Z

AF175385

Ganzheitliches Tagebuch

Erlebnisse, Ereignisse, Gesundheit, Wetter, lernen, denken...

FSC
www.fsc.org

MIX
Papier aus verantwortungsvollen Quellen
Paper from responsible sources
FSC® C105338

Bibliografische Information durch die Deutsche Nationalbibliothek
Die Deutsche Nationalbibliothek verzeichnet diese Publikation in der
Deutschen Nationalbibliografie; detaillierte bibliografische Daten
sind im Internet über http://dnb.dnb.de abrufbar.

Dieses Tagebuch gehört:

© **Renate & Uwe H. Sültz** 2021

Herstellung und Verlag:
BoD – Books on Demand, Norderstedt

Beratung: Dr. Jutta Sültz

ISBN 9-78375-4-32986-3

Vorwort und Erklärungen:

Dieses Tagebuch kann eine wirksame Methode sein, um die eigene Stimmung, sein Wohlempfinden und die Gesundheit nachhaltig positiv zu beeinflussen. Es basiert mehr auf das Ankreuzen und auf Stichpunkte, was am Tag erlebt wurde. Die täglichen Dinge werden angesprochen, sowie die Gesundheit und das Wohlempfinden. Ein Lerneffekt sollte das Ziel sein, natürlich auch die Dankbarkeit. Im Endeffekt sollten wir für die Zukunft und für die Gegenwart vom gestrig erlernten unsere Schlüsse ziehen, um positiver das Leben zu erleben. Wir wissen doch alle, dass Stress auf die Stimmung und auf die Gesundheit einwirkt. Auch Wetterfühligkeit kann Probleme bereiten. Erkennen Sie nach einem Monat, nach 2 Monaten, nach 4 Monaten, an was Sie arbeiten sollten, was Sie ändern müssen. Behalten Sie auch Ihr Gewicht, Ihren Blutdruck und eventuell bei Menschen mit Diabetes Ihren Blutzucker im Auge. Dies ist also kein alltägliches Tagebuch, sondern ein ganzheitliches Tagebuch, das aber alltäglich geführt werden sollte.

Die einzutragenden Daten sind selbsterklärend. Zu Blutzuckerwerten und Blutdruck ist folgendes zu sagen (abgestimmt mit ärztlicher Unterstützung):

BLUTDRUCK - Anhand der gemessenen Blutdruckwerte kann der Arzt beurteilen, ob bei einem Patienten ein krankhafter Blutdruck vorliegt. Allein aus den Werten kann er aber noch keine Aussage über die Ursache veränderter Blutdruckwerte treffen. Hierfür sind oft weitere diagnostische Schritte notwendig. Lesen Sie hier, wann zu hohe, zu niedrige oder normale Blutdruckwerte vorliegen!

Bei Veränderungen des Blutdrucks sind meist systolischer (oberer) und diastolischer (unterer) Wert gemeinsam erhöht, beziehungsweise erniedrigt. In manchen Fällen weicht aber auch nur einer der beiden Werte von der Norm ab. So kann ein erhöhter diastolischer Blutdruck zum Beispiel die Folge einer Schilddrüsenunterfunktion sein oder ein erniedrigter unterer Wert von einem Herzklappenschaden verursacht werden.

In der Arztpraxis gemessene Blutdruckwerte sind häufig etwas höher als zu Hause gemessene, was sich durch eine gewisse Nervosität beim Arztbesuch erklärt. Um den Blutdruck im Verlauf beurteilen zu können ist es sinnvoll, wenn Patienten zu Hause regelmäßig messen und die Werte in eine Blutdruck-Tabelle eintragen. Der Arzt interpretiert dann die Ergebnisse und passt eine Therapie gegebenenfalls an.

Für die Blutdruckwerte gilt gemäß der Deutschen Hochdruckliga folgende Einteilung:

Normaler Blutdruck: 120-129/80-84 mmHg

Hochnormaler Blutdruck: 130-139/85-89 mmHg

Milder Bluthochdruck: 140-159/90-99 mmHg

Mäßiger Bluthochdruck: 160-179/100-109 mmHg

Schwerer Bluthochdruck: >180/>110 mmHg

Ein systolischer Wert unter 120mmHg und ein diastolischer Blutdruck (auch unterer Blutdruckwert) unter 80 mmHg gelten als idealer Blutdruck (optimaler Blutdruck).

BLUTZUCKER - Die Blutzuckerwerte – also die Konzentration der Glukose im Blut – lassen sich in zwei Einheiten angeben: "Milligramm pro Deziliter" (mg/dl) oder "Millimol pro Liter" (mmol/l). Mmol/l ist die international am weitesten verbreitete Einheit. Die Angabe mg/dl bezieht sich auf das Gewicht der gelösten Zuckerteilchen pro Volumen. Die Angabe mmol/l berechnet die Anzahl der gelösten Zuckerteilchen – also die Stoffmenge – pro Volumen.

Ziel der Diabetesbehandlung ist es, den Blutzuckerspiegel den Werten von Stoffwechselgesunden anzunähern. Bei einem gesunden Erwachsenen liegt der Blutzucker nüchtern – also nach 8 bis 10 Stunden ohne Nahrung – meist unter 100 mg/dl bzw. 5,6 mmol/l. Zwei Stunden nach einer Mahlzeit liegt der Wert meist unter 140 mg/dl (7,8 mmol/l).

Ein Diabetes liegt vor, wenn der Blutzucker nüchtern bei 126 mg/dl (7,0 mmol/l) oder höher oder zu einem beliebigen Zeitpunkt (z.B. nach dem Essen) über 200 mg/dl (11,1 mmol/l) liegt. Ein Nüchternwert zwischen 100 und 125 mg/dl (5,6 bis 6,9 mmol/l) weist auf ein Typ-2-Diabetes-Vorstadium (Prädiabetes) hin. Menschen, bei denen Nüchternwerte in diesem Bereich gemessen werden, können das Auftreten von Diabetes verhindern, wenn sie Risikofaktoren für Diabetes in ihrem Leben identifizieren und etwas tun, um sie zu abzubauen.

Das Autorenteam wünscht Ihnen alles Gute und bleiben Sie oder werden Sie gesund!

DATUM _____ WOCHENTAG _____

AUFGESTANDEN UM _____ ZU BETT GEGANGEN UM _____

MEIN SCHLAF IST GUT __ UNRUHIG __ SCHMERZEN __ OFT WACH __

BLUTDRUCK IN mmHg _____ _____ _____

BLUTZUCKERWERT IN mg/dl _____ _____ _____

MEIN GEWICHT _____ MEIN WUNSCHGEWICHT _____

KAM POST? KEINE __ POSITIVE __ NEGATIVE __ WERBUNG __

KONKRET _____

FRÜHSTÜCK _____

MITTAGESSEN _____

ABENDESSEN _____

WETTER IST SONNIG __ REGEN __ WARM __ KALT __

MIT DEM WETTER WAR ICH ZUFRIEDEN __ UNZUFRIEDEN __

ICH FÜHLTE MICH GESUND __ KRANK __ STARK __ SCHWACH __

ES GING MIR GUT __ NICHT GUT __ WETTERFÜHLIG __

GEFROHREN __   Wetter:

KOPFSCHMERZEN __

_____

_____

ERLEBNISSE HEUTE _____

_____

_____

_____

ÄNGSTE: GESUNDHEIT __ GELD __ FAMILIE __ BERUF __

KONKRET _____

_____

MEIN TAG WAR POSITIV __ NEUTRAL __ NEGATIV __ SCHMERZEN __

KONKRET _____

_____

GLÜCKSMOMENTE _____

MEINE WÜNSCHE _____

WAS HABE ICH GELERNT _____

WAS KANN ICH VERBESSERN _____

_____

ICH FREUE MICH AUF EINEN NEUEN TAG _____

ICH BEDANKE MICH REAL ODER IM GEIST BEI _____

_____

DATUM _____ WOCHENTAG _____

AUFGESTANDEN UM _____ ZU BETT GEGANGEN UM _____

MEIN SCHLAF IST GUT __ UNRUHIG __ SCHMERZEN __ OFT WACH __

BLUTDRUCK IN mmHg _____ _____ _____

BLUTZUCKERWERT IN mg/dl _____ _____ _____

MEIN GEWICHT _____ MEIN WUNSCHGEWICHT _____

KAM POST? KEINE __ POSITIVE __ NEGATIVE __ WERBUNG __

KONKRET _____

FRÜHSTÜCK _____

MITTAGESSEN _____

ABENDESSEN _____

WETTER IST SONNIG __ REGEN __ WARM __ KALT __

MIT DEM WETTER WAR ICH ZUFRIEDEN __ UNZUFRIEDEN __

ICH FÜHLTE MICH GESUND __ KRANK __ STARK __ SCHWACH __

ES GING MIR GUT __ NICHT GUT __ WETTERFÜHLIG __

GEFROHREN __   Wetter:

KOPFSCHMERZEN __

_____

_____

ERLEBNISSE HEUTE _____

_____

_____

_____

ÄNGSTE: GESUNDHEIT __ GELD __ FAMILIE __ BERUF __

KONKRET _____

_____

MEIN TAG WAR POSITIV __ NEUTRAL __ NEGATIV __ SCHMERZEN __

KONKRET _____

_____

GLÜCKSMOMENTE _____

MEINE WÜNSCHE _____

WAS HABE ICH GELERNT _____

WAS KANN ICH VERBESSERN _____

_____

ICH FREUE MICH AUF EINEN NEUEN TAG _____

ICH BEDANKE MICH REAL ODER IM GEIST BEI _____

_____

DATUM _____ WOCHENTAG _____

AUFGESTANDEN UM _____ ZU BETT GEGANGEN UM _____

MEIN SCHLAF IST GUT __ UNRUHIG __ SCHMERZEN __ OFT WACH __

BLUTDRUCK IN mmHg _____ _____ _____

BLUTZUCKERWERT IN mg/dl _____ _____ _____

MEIN GEWICHT _____ MEIN WUNSCHGEWICHT _____

KAM POST? KEINE __ POSITIVE __ NEGATIVE __ WERBUNG __

KONKRET _____

FRÜHSTÜCK _____

MITTAGESSEN _____

ABENDESSEN _____

WETTER IST SONNIG __ REGEN __ WARM __ KALT __

MIT DEM WETTER WAR ICH ZUFRIEDEN __ UNZUFRIEDEN __

ICH FÜHLTE MICH GESUND __ KRANK __ STARK __ SCHWACH __

ES GING MIR GUT __ NICHT GUT __ WETTERFÜHLIG __

GEFROHREN __   Wetter:

KOPFSCHMERZEN __

_____

_____

ERLEBNISSE HEUTE _____

_____

_____

_____

ÄNGSTE: GESUNDHEIT __ GELD __ FAMILIE __ BERUF __

KONKRET _____

_____

MEIN TAG WAR POSITIV __ NEUTRAL __ NEGATIV __ SCHMERZEN __

KONKRET _____

_____

GLÜCKSMOMENTE _____

MEINE WÜNSCHE _____

WAS HABE ICH GELERNT _____

WAS KANN ICH VERBESSERN _____

_____

ICH FREUE MICH AUF EINEN NEUEN TAG _____

ICH BEDANKE MICH REAL ODER IM GEIST BEI _____

_____

DATUM _____ WOCHENTAG _____

AUFGESTANDEN UM _____ ZU BETT GEGANGEN UM _____

MEIN SCHLAF IST GUT __ UNRUHIG __ SCHMERZEN __ OFT WACH __

BLUTDRUCK IN mmHg _____ _____ _____

BLUTZUCKERWERT IN mg/dl _____ _____ _____

MEIN GEWICHT _____ MEIN WUNSCHGEWICHT _____

KAM POST? KEINE __ POSITIVE __ NEGATIVE __ WERBUNG __

KONKRET _____

FRÜHSTÜCK _____

MITTAGESSEN _____

ABENDESSEN _____

WETTER IST SONNIG __ REGEN __ WARM __ KALT __

MIT DEM WETTER WAR ICH ZUFRIEDEN __ UNZUFRIEDEN __

ICH FÜHLTE MICH GESUND __ KRANK __ STARK __ SCHWACH __

ES GING MIR GUT __ NICHT GUT __ WETTERFÜHLIG __

GEFROHREN __   Wetter:

KOPFSCHMERZEN __

_____

_____

ERLEBNISSE HEUTE _____

_____

_____

_____

ÄNGSTE: GESUNDHEIT __ GELD __ FAMILIE __ BERUF __

KONKRET _____

_____

MEIN TAG WAR POSITIV __ NEUTRAL __ NEGATIV __ SCHMERZEN __

KONKRET _____

_____

GLÜCKSMOMENTE _____

MEINE WÜNSCHE _____

WAS HABE ICH GELERNT _____

WAS KANN ICH VERBESSERN _____

_____

ICH FREUE MICH AUF EINEN NEUEN TAG _____

ICH BEDANKE MICH REAL ODER IM GEIST BEI _____

_____

DATUM _____ WOCHENTAG _____

AUFGESTANDEN UM _____ ZU BETT GEGANGEN UM _____

MEIN SCHLAF IST GUT __ UNRUHIG __ SCHMERZEN __ OFT WACH __

BLUTDRUCK IN mmHg _____ _____ _____

BLUTZUCKERWERT IN mg/dl _____ _____ _____

MEIN GEWICHT _____ MEIN WUNSCHGEWICHT _____

KAM POST? KEINE __ POSITIVE __ NEGATIVE __ WERBUNG __

KONKRET _____

FRÜHSTÜCK _____

MITTAGESSEN _____

ABENDESSEN _____

WETTER IST SONNIG __ REGEN __ WARM __ KALT __

MIT DEM WETTER WAR ICH ZUFRIEDEN __ UNZUFRIEDEN __

ICH FÜHLTE MICH GESUND __ KRANK __ STARK __ SCHWACH __

ES GING MIR GUT __ NICHT GUT __ WETTERFÜHLIG __

GEFROHREN __   Wetter:

KOPFSCHMERZEN __

_____

_____

ERLEBNISSE HEUTE _____

_____

_____

_____

ÄNGSTE: GESUNDHEIT __ GELD __ FAMILIE __ BERUF __

KONKRET _____

MEIN TAG WAR POSITIV __ NEUTRAL __ NEGATIV __ SCHMERZEN __

KONKRET _____

GLÜCKSMOMENTE _____

MEINE WÜNSCHE _____

WAS HABE ICH GELERNT _____

WAS KANN ICH VERBESSERN _____

ICH FREUE MICH AUF EINEN NEUEN TAG _____

ICH BEDANKE MICH REAL ODER IM GEIST BEI _____

_____

DATUM _____ WOCHENTAG _____

AUFGESTANDEN UM _____ ZU BETT GEGANGEN UM _____

MEIN SCHLAF IST GUT __ UNRUHIG __ SCHMERZEN __ OFT WACH __

BLUTDRUCK IN mmHg _____ _____ _____

BLUTZUCKERWERT IN mg/dl _____ _____ _____

MEIN GEWICHT _____ MEIN WUNSCHGEWICHT _____

KAM POST? KEINE __ POSITIVE __ NEGATIVE __ WERBUNG __

KONKRET _____

FRÜHSTÜCK _____

MITTAGESSEN _____

ABENDESSEN _____

WETTER IST SONNIG __ REGEN __ WARM __ KALT __

MIT DEM WETTER WAR ICH ZUFRIEDEN __ UNZUFRIEDEN __

ICH FÜHLTE MICH GESUND __ KRANK __ STARK __ SCHWACH __

ES GING MIR GUT __ NICHT GUT __ WETTERFÜHLIG __

GEFROHREN __ Wetter:

KOPFSCHMERZEN __

_____

_____

ERLEBNISSE HEUTE _____

_____

_____

_____

ÄNGSTE: GESUNDHEIT __ GELD __ FAMILIE __ BERUF __

KONKRET _____

_____

MEIN TAG WAR POSITIV __ NEUTRAL __ NEGATIV __ SCHMERZEN __

KONKRET _____

_____

GLÜCKSMOMENTE _____

MEINE WÜNSCHE _____

WAS HABE ICH GELERNT _____

WAS KANN ICH VERBESSERN _____

_____

ICH FREUE MICH AUF EINEN NEUEN TAG _____

ICH BEDANKE MICH REAL ODER IM GEIST BEI _____

_____

DATUM _____ WOCHENTAG _____

AUFGESTANDEN UM _____ ZU BETT GEGANGEN UM _____

MEIN SCHLAF IST GUT __ UNRUHIG __ SCHMERZEN __ OFT WACH __

BLUTDRUCK IN mmHg _____ _____ _____

BLUTZUCKERWERT IN mg/dl _____ _____ _____

MEIN GEWICHT _____ MEIN WUNSCHGEWICHT _____

KAM POST? KEINE __ POSITIVE __ NEGATIVE __ WERBUNG __

KONKRET _____

FRÜHSTÜCK _____

MITTAGESSEN _____

ABENDESSEN _____

WETTER IST SONNIG __ REGEN __ WARM __ KALT __

MIT DEM WETTER WAR ICH ZUFRIEDEN __ UNZUFRIEDEN __

ICH FÜHLTE MICH GESUND __ KRANK __ STARK __ SCHWACH __

ES GING MIR GUT __ NICHT GUT __ WETTERFÜHLIG __

GEFROHREN __   Wetter:

KOPFSCHMERZEN __

_____

_____

ERLEBNISSE HEUTE _____

_____

_____

_____

ÄNGSTE: GESUNDHEIT __ GELD __ FAMILIE __ BERUF __

KONKRET _____

_____

MEIN TAG WAR POSITIV __ NEUTRAL __ NEGATIV __ SCHMERZEN __

KONKRET _____

_____

GLÜCKSMOMENTE _____

MEINE WÜNSCHE _____

WAS HABE ICH GELERNT _____

WAS KANN ICH VERBESSERN _____

_____

ICH FREUE MICH AUF EINEN NEUEN TAG _____

ICH BEDANKE MICH REAL ODER IM GEIST BEI _____

_____

DATUM _____ WOCHENTAG _____

AUFGESTANDEN UM _____ ZU BETT GEGANGEN UM _____

MEIN SCHLAF IST GUT __ UNRUHIG __ SCHMERZEN __ OFT WACH __

BLUTDRUCK IN mmHg _____ _____ _____

BLUTZUCKERWERT IN mg/dl _____ _____ _____

MEIN GEWICHT _____ MEIN WUNSCHGEWICHT _____

KAM POST? KEINE __ POSITIVE __ NEGATIVE __ WERBUNG __

KONKRET _____

FRÜHSTÜCK _____

MITTAGESSEN _____

ABENDESSEN _____

WETTER IST SONNIG __ REGEN __ WARM __ KALT __

MIT DEM WETTER WAR ICH ZUFRIEDEN __ UNZUFRIEDEN __

ICH FÜHLTE MICH GESUND __ KRANK __ STARK __ SCHWACH __

ES GING MIR GUT __ NICHT GUT __ WETTERFÜHLIG __

GEFROHREN __   Wetter:

KOPFSCHMERZEN __

_____

_____

ERLEBNISSE HEUTE _____

_____

_____

_____

ÄNGSTE: GESUNDHEIT __ GELD __ FAMILIE __ BERUF __

KONKRET _____

_____

MEIN TAG WAR POSITIV __ NEUTRAL __ NEGATIV __ SCHMERZEN __

KONKRET _____

_____

GLÜCKSMOMENTE _____

MEINE WÜNSCHE _____

WAS HABE ICH GELERNT _____

WAS KANN ICH VERBESSERN _____

_____

ICH FREUE MICH AUF EINEN NEUEN TAG _____

ICH BEDANKE MICH REAL ODER IM GEIST BEI _____

_____

DATUM _____ WOCHENTAG _____

AUFGESTANDEN UM _____ ZU BETT GEGANGEN UM _____

MEIN SCHLAF IST GUT __ UNRUHIG __ SCHMERZEN __ OFT WACH __

BLUTDRUCK IN mmHg _____ _____ _____

BLUTZUCKERWERT IN mg/dl _____ _____ _____

MEIN GEWICHT _____ MEIN WUNSCHGEWICHT _____

KAM POST? KEINE __ POSITIVE __ NEGATIVE __ WERBUNG __

KONKRET _____

FRÜHSTÜCK _____

MITTAGESSEN _____

ABENDESSEN _____

WETTER IST SONNIG __ REGEN __ WARM __ KALT __

MIT DEM WETTER WAR ICH ZUFRIEDEN __ UNZUFRIEDEN __

ICH FÜHLTE MICH GESUND __ KRANK __ STARK __ SCHWACH __

ES GING MIR GUT __ NICHT GUT __ WETTERFÜHLIG __

GEFROHREN __   Wetter:

KOPFSCHMERZEN __

_____

_____

ERLEBNISSE HEUTE _____

_____

_____

_____

ÄNGSTE: GESUNDHEIT __ GELD __ FAMILIE __ BERUF __

KONKRET _____

_____

MEIN TAG WAR POSITIV __ NEUTRAL __ NEGATIV __ SCHMERZEN __

KONKRET _____

_____

GLÜCKSMOMENTE _____

MEINE WÜNSCHE _____

WAS HABE ICH GELERNT _____

WAS KANN ICH VERBESSERN _____

_____

ICH FREUE MICH AUF EINEN NEUEN TAG _____

ICH BEDANKE MICH REAL ODER IM GEIST BEI _____

_____

DATUM _____ WOCHENTAG _____

AUFGESTANDEN UM _____ ZU BETT GEGANGEN UM _____

MEIN SCHLAF IST GUT __ UNRUHIG __ SCHMERZEN __ OFT WACH __

BLUTDRUCK IN mmHg _____ _____ _____

BLUTZUCKERWERT IN mg/dl _____ _____ _____

MEIN GEWICHT _____ MEIN WUNSCHGEWICHT _____

KAM POST? KEINE __ POSITIVE __ NEGATIVE __ WERBUNG __

KONKRET _____

FRÜHSTÜCK _____

MITTAGESSEN _____

ABENDESSEN _____

WETTER IST SONNIG __ REGEN __ WARM __ KALT __

MIT DEM WETTER WAR ICH ZUFRIEDEN __ UNZUFRIEDEN __

ICH FÜHLTE MICH GESUND __ KRANK __ STARK __ SCHWACH __

ES GING MIR GUT __ NICHT GUT __ WETTERFÜHLIG __

GEFROHREN __   Wetter:

KOPFSCHMERZEN __

_____

_____

ERLEBNISSE HEUTE _____

_____

_____

_____

ÄNGSTE: GESUNDHEIT __ GELD __ FAMILIE __ BERUF __

KONKRET _____

_____

MEIN TAG WAR POSITIV __ NEUTRAL __ NEGATIV __ SCHMERZEN __

KONKRET _____

_____

GLÜCKSMOMENTE _____

MEINE WÜNSCHE _____

WAS HABE ICH GELERNT _____

WAS KANN ICH VERBESSERN _____

_____

ICH FREUE MICH AUF EINEN NEUEN TAG _____

ICH BEDANKE MICH REAL ODER IM GEIST BEI _____

_____

DATUM _____ WOCHENTAG _____

AUFGESTANDEN UM _____ ZU BETT GEGANGEN UM _____

MEIN SCHLAF IST GUT __ UNRUHIG __ SCHMERZEN __ OFT WACH __

BLUTDRUCK IN mmHg _____ _____ _____

BLUTZUCKERWERT IN mg/dl _____ _____ _____

MEIN GEWICHT _____ MEIN WUNSCHGEWICHT _____

KAM POST? KEINE __ POSITIVE __ NEGATIVE __ WERBUNG __

KONKRET _____

FRÜHSTÜCK _____

MITTAGESSEN _____

ABENDESSEN _____

WETTER IST SONNIG __ REGEN __ WARM __ KALT __

MIT DEM WETTER WAR ICH ZUFRIEDEN __ UNZUFRIEDEN __

ICH FÜHLTE MICH GESUND __ KRANK __ STARK __ SCHWACH __

ES GING MIR GUT __ NICHT GUT __ WETTERFÜHLIG __

GEFROHREN __   Wetter:

KOPFSCHMERZEN __

_____

_____

ERLEBNISSE HEUTE _____

_____

_____

_____

ÄNGSTE: GESUNDHEIT __ GELD __ FAMILIE __ BERUF __

KONKRET _____

_____

MEIN TAG WAR POSITIV __ NEUTRAL __ NEGATIV __ SCHMERZEN __

KONKRET _____

_____

GLÜCKSMOMENTE _____

MEINE WÜNSCHE _____

WAS HABE ICH GELERNT _____

WAS KANN ICH VERBESSERN _____

_____

ICH FREUE MICH AUF EINEN NEUEN TAG _____

ICH BEDANKE MICH REAL ODER IM GEIST BEI _____

_____

DATUM _____ WOCHENTAG _____

AUFGESTANDEN UM _____ ZU BETT GEGANGEN UM _____

MEIN SCHLAF IST GUT __ UNRUHIG __ SCHMERZEN __ OFT WACH __

BLUTDRUCK IN mmHg _____ _____ _____

BLUTZUCKERWERT IN mg/dl _____ _____ _____

MEIN GEWICHT _____ MEIN WUNSCHGEWICHT _____

KAM POST? KEINE __ POSITIVE __ NEGATIVE __ WERBUNG __

KONKRET _____

FRÜHSTÜCK _____

MITTAGESSEN _____

ABENDESSEN _____

WETTER IST SONNIG __ REGEN __ WARM __ KALT __

MIT DEM WETTER WAR ICH ZUFRIEDEN __ UNZUFRIEDEN __

ICH FÜHLTE MICH GESUND __ KRANK __ STARK __ SCHWACH __

ES GING MIR GUT __ NICHT GUT __ WETTERFÜHLIG __

GEFROHREN __   Wetter:

__ KOPFSCHMERZEN __

_____

_____

ERLEBNISSE HEUTE _____

_____

_____

_____

ÄNGSTE: GESUNDHEIT __ GELD __ FAMILIE __ BERUF __

KONKRET _____

_____

MEIN TAG WAR POSITIV __ NEUTRAL __ NEGATIV __ SCHMERZEN __

KONKRET _____

_____

GLÜCKSMOMENTE _____

MEINE WÜNSCHE _____

WAS HABE ICH GELERNT _____

WAS KANN ICH VERBESSERN _____

_____

ICH FREUE MICH AUF EINEN NEUEN TAG _____

ICH BEDANKE MICH REAL ODER IM GEIST BEI _____

_____

DATUM _____ WOCHENTAG _____

AUFGESTANDEN UM _____ ZU BETT GEGANGEN UM _____

MEIN SCHLAF IST GUT __ UNRUHIG __ SCHMERZEN __ OFT WACH __

BLUTDRUCK IN mmHg _____ _____ _____

BLUTZUCKERWERT IN mg/dl _____ _____ _____

MEIN GEWICHT _____ MEIN WUNSCHGEWICHT _____

KAM POST? KEINE __ POSITIVE __ NEGATIVE __ WERBUNG __

KONKRET _____

FRÜHSTÜCK _____

MITTAGESSEN _____

ABENDESSEN _____

WETTER IST SONNIG __ REGEN __ WARM __ KALT __

MIT DEM WETTER WAR ICH ZUFRIEDEN __ UNZUFRIEDEN __

ICH FÜHLTE MICH GESUND __ KRANK __ STARK __ SCHWACH __

ES GING MIR GUT __ NICHT GUT __ WETTERFÜHLIG __

GEFROHREN __   Wetter:

KOPFSCHMERZEN __

_____

_____

ERLEBNISSE HEUTE _____

_____

_____

_____

ÄNGSTE: GESUNDHEIT __ GELD __ FAMILIE __ BERUF __

KONKRET _____

_____

MEIN TAG WAR POSITIV __ NEUTRAL __ NEGATIV __ SCHMERZEN __

KONKRET _____

_____

GLÜCKSMOMENTE _____

MEINE WÜNSCHE _____

WAS HABE ICH GELERNT _____

WAS KANN ICH VERBESSERN _____

_____

ICH FREUE MICH AUF EINEN NEUEN TAG _____

ICH BEDANKE MICH REAL ODER IM GEIST BEI _____

_____

DATUM _____ WOCHENTAG _____

AUFGESTANDEN UM _____ ZU BETT GEGANGEN UM _____

MEIN SCHLAF IST GUT __ UNRUHIG __ SCHMERZEN __ OFT WACH __

BLUTDRUCK IN mmHg _____ _____ _____

BLUTZUCKERWERT IN mg/dl _____ _____ _____

MEIN GEWICHT _____ MEIN WUNSCHGEWICHT _____

KAM POST? KEINE __ POSITIVE __ NEGATIVE __ WERBUNG __

KONKRET _____

FRÜHSTÜCK _____

MITTAGESSEN _____

ABENDESSEN _____

WETTER IST SONNIG __ REGEN __ WARM __ KALT __

MIT DEM WETTER WAR ICH ZUFRIEDEN __ UNZUFRIEDEN __

ICH FÜHLTE MICH GESUND __ KRANK __ STARK __ SCHWACH __

ES GING MIR GUT __ NICHT GUT __ WETTERFÜHLIG __

GEFROHREN __   Wetter:

KOPFSCHMERZEN __

_____

_____

ERLEBNISSE HEUTE _____

_____

_____

_____

ÄNGSTE: GESUNDHEIT __ GELD __ FAMILIE __ BERUF __

KONKRET _____

_____

MEIN TAG WAR POSITIV __ NEUTRAL __ NEGATIV __ SCHMERZEN __

KONKRET _____

_____

GLÜCKSMOMENTE _____

MEINE WÜNSCHE _____

WAS HABE ICH GELERNT _____

WAS KANN ICH VERBESSERN _____

_____

ICH FREUE MICH AUF EINEN NEUEN TAG _____

ICH BEDANKE MICH REAL ODER IM GEIST BEI _____

_____

DATUM _____ WOCHENTAG _____

AUFGESTANDEN UM _____ ZU BETT GEGANGEN UM _____

MEIN SCHLAF IST GUT __ UNRUHIG __ SCHMERZEN __ OFT WACH __

BLUTDRUCK IN mmHg _____ _____ _____

BLUTZUCKERWERT IN mg/dl _____ _____ _____

MEIN GEWICHT _____ MEIN WUNSCHGEWICHT _____

KAM POST? KEINE __ POSITIVE __ NEGATIVE __ WERBUNG __

KONKRET _____

FRÜHSTÜCK _____

MITTAGESSEN _____

ABENDESSEN _____

WETTER IST SONNIG __ REGEN __ WARM __ KALT __

MIT DEM WETTER WAR ICH ZUFRIEDEN __ UNZUFRIEDEN __

ICH FÜHLTE MICH GESUND __ KRANK __ STARK __ SCHWACH __

ES GING MIR GUT __ NICHT GUT __ WETTERFÜHLIG __

GEFROHREN __   Wetter:

KOPFSCHMERZEN __

_____

_____

ERLEBNISSE HEUTE _____

_____

_____

_____

ÄNGSTE: GESUNDHEIT __ GELD __ FAMILIE __ BERUF __

KONKRET _____

_____

MEIN TAG WAR POSITIV __ NEUTRAL __ NEGATIV __ SCHMERZEN __

KONKRET _____

_____

GLÜCKSMOMENTE _____

MEINE WÜNSCHE _____

WAS HABE ICH GELERNT _____

WAS KANN ICH VERBESSERN _____

_____

ICH FREUE MICH AUF EINEN NEUEN TAG _____

ICH BEDANKE MICH REAL ODER IM GEIST BEI _____

_____

DATUM _____ WOCHENTAG _____

AUFGESTANDEN UM _____ ZU BETT GEGANGEN UM _____

MEIN SCHLAF IST GUT __ UNRUHIG __ SCHMERZEN __ OFT WACH __

BLUTDRUCK IN mmHg _____ _____ _____

BLUTZUCKERWERT IN mg/dl _____ _____ _____

MEIN GEWICHT _____ MEIN WUNSCHGEWICHT _____

KAM POST? KEINE __ POSITIVE __ NEGATIVE __ WERBUNG __

KONKRET _____

FRÜHSTÜCK _____

MITTAGESSEN _____

ABENDESSEN _____

WETTER IST SONNIG __ REGEN __ WARM __ KALT __

MIT DEM WETTER WAR ICH ZUFRIEDEN __ UNZUFRIEDEN __

ICH FÜHLTE MICH GESUND __ KRANK __ STARK __ SCHWACH __

ES GING MIR GUT __ NICHT GUT __ WETTERFÜHLIG __

GEFROHREN __ Wetter:

KOPFSCHMERZEN __

_____

_____

ERLEBNISSE HEUTE _____

_____

_____

_____

ÄNGSTE: GESUNDHEIT __ GELD __ FAMILIE __ BERUF __

KONKRET _____

_____

MEIN TAG WAR POSITIV __ NEUTRAL __ NEGATIV __ SCHMERZEN __

KONKRET _____

_____

GLÜCKSMOMENTE _____

MEINE WÜNSCHE _____

WAS HABE ICH GELERNT _____

WAS KANN ICH VERBESSERN _____

_____

ICH FREUE MICH AUF EINEN NEUEN TAG _____

ICH BEDANKE MICH REAL ODER IM GEIST BEI _____

_____

DATUM _____ WOCHENTAG _____

AUFGESTANDEN UM _____ ZU BETT GEGANGEN UM _____

MEIN SCHLAF IST GUT __ UNRUHIG __ SCHMERZEN __ OFT WACH __

BLUTDRUCK IN mmHg _____ _____ _____

BLUTZUCKERWERT IN mg/dl _____ _____ _____

MEIN GEWICHT _____ MEIN WUNSCHGEWICHT _____

KAM POST? KEINE __ POSITIVE __ NEGATIVE __ WERBUNG __

KONKRET _____

FRÜHSTÜCK _____

MITTAGESSEN _____

ABENDESSEN _____

WETTER IST SONNIG __ REGEN __ WARM __ KALT __

MIT DEM WETTER WAR ICH ZUFRIEDEN __ UNZUFRIEDEN __

ICH FÜHLTE MICH GESUND __ KRANK __ STARK __ SCHWACH __

ES GING MIR GUT __ NICHT GUT __ WETTERFÜHLIG __

GEFROHREN __   Wetter:

KOPFSCHMERZEN __

_____

_____

ERLEBNISSE HEUTE _____

_____

_____

_____

ÄNGSTE: GESUNDHEIT __ GELD __ FAMILIE __ BERUF __

KONKRET _____

_____

MEIN TAG WAR POSITIV __ NEUTRAL __ NEGATIV __ SCHMERZEN __

KONKRET _____

_____

GLÜCKSMOMENTE _____

MEINE WÜNSCHE _____

WAS HABE ICH GELERNT _____

WAS KANN ICH VERBESSERN _____

_____

ICH FREUE MICH AUF EINEN NEUEN TAG _____

ICH BEDANKE MICH REAL ODER IM GEIST BEI _____

_____

DATUM _____ WOCHENTAG _____

AUFGESTANDEN UM _____ ZU BETT GEGANGEN UM _____

MEIN SCHLAF IST GUT __ UNRUHIG __ SCHMERZEN __ OFT WACH __

BLUTDRUCK IN mmHg _____ _____ _____

BLUTZUCKERWERT IN mg/dl _____ _____ _____

MEIN GEWICHT _____ MEIN WUNSCHGEWICHT _____

KAM POST? KEINE __ POSITIVE __ NEGATIVE __ WERBUNG __

KONKRET _____

FRÜHSTÜCK _____

MITTAGESSEN _____

ABENDESSEN _____

WETTER IST SONNIG __ REGEN __ WARM __ KALT __

MIT DEM WETTER WAR ICH ZUFRIEDEN __ UNZUFRIEDEN __

ICH FÜHLTE MICH GESUND __ KRANK __ STARK __ SCHWACH __

ES GING MIR GUT __ NICHT GUT __ WETTERFÜHLIG __

GEFROHREN __   Wetter:

KOPFSCHMERZEN __

_____

_____

ERLEBNISSE HEUTE _____

_____

_____

_____

ÄNGSTE: GESUNDHEIT __ GELD __ FAMILIE __ BERUF __

KONKRET _____

_____

MEIN TAG WAR POSITIV __ NEUTRAL __ NEGATIV __ SCHMERZEN __

KONKRET _____

_____

GLÜCKSMOMENTE _____

MEINE WÜNSCHE _____

WAS HABE ICH GELERNT _____

WAS KANN ICH VERBESSERN _____

_____

ICH FREUE MICH AUF EINEN NEUEN TAG _____

ICH BEDANKE MICH REAL ODER IM GEIST BEI _____

_____

DATUM _____ WOCHENTAG _____

AUFGESTANDEN UM _____ ZU BETT GEGANGEN UM _____

MEIN SCHLAF IST GUT __ UNRUHIG __ SCHMERZEN __ OFT WACH __

BLUTDRUCK IN mmHg _____ _____ _____

BLUTZUCKERWERT IN mg/dl _____ _____ _____

MEIN GEWICHT _____ MEIN WUNSCHGEWICHT _____

KAM POST? KEINE __ POSITIVE __ NEGATIVE __ WERBUNG __

KONKRET _____

FRÜHSTÜCK _____

MITTAGESSEN _____

ABENDESSEN _____

WETTER IST SONNIG __ REGEN __ WARM __ KALT __

MIT DEM WETTER WAR ICH ZUFRIEDEN __ UNZUFRIEDEN __

ICH FÜHLTE MICH GESUND __ KRANK __ STARK __ SCHWACH __

ES GING MIR GUT __ NICHT GUT __ WETTERFÜHLIG __

GEFROHREN __   Wetter:

KOPFSCHMERZEN __

_____

_____

ERLEBNISSE HEUTE _____

_____

_____

_____

ÄNGSTE: GESUNDHEIT __ GELD __ FAMILIE __ BERUF __

KONKRET _____

_____

MEIN TAG WAR POSITIV __ NEUTRAL __ NEGATIV __ SCHMERZEN __

KONKRET _____

_____

GLÜCKSMOMENTE _____

MEINE WÜNSCHE _____

WAS HABE ICH GELERNT _____

WAS KANN ICH VERBESSERN _____

_____

ICH FREUE MICH AUF EINEN NEUEN TAG _____

ICH BEDANKE MICH REAL ODER IM GEIST BEI _____

_____

DATUM _____ WOCHENTAG _____

AUFGESTANDEN UM _____ ZU BETT GEGANGEN UM _____

MEIN SCHLAF IST GUT __ UNRUHIG __ SCHMERZEN __ OFT WACH __

BLUTDRUCK IN mmHg _____ _____ _____

BLUTZUCKERWERT IN mg/dl _____ _____ _____

MEIN GEWICHT _____ MEIN WUNSCHGEWICHT _____

KAM POST? KEINE __ POSITIVE __ NEGATIVE __ WERBUNG __

KONKRET _____

FRÜHSTÜCK _____

MITTAGESSEN _____

ABENDESSEN _____

WETTER IST SONNIG __ REGEN __ WARM __ KALT __

MIT DEM WETTER WAR ICH ZUFRIEDEN __ UNZUFRIEDEN __

ICH FÜHLTE MICH GESUND __ KRANK __ STARK __ SCHWACH __

ES GING MIR GUT __ NICHT GUT __ WETTERFÜHLIG __

GEFROHREN __ Wetter:

KOPFSCHMERZEN __

_____

_____

ERLEBNISSE HEUTE _____

_____

_____

_____

ÄNGSTE: GESUNDHEIT __ GELD __ FAMILIE __ BERUF __

KONKRET _____

_____

MEIN TAG WAR POSITIV __ NEUTRAL __ NEGATIV __ SCHMERZEN __

KONKRET _____

_____

GLÜCKSMOMENTE _____

MEINE WÜNSCHE _____

WAS HABE ICH GELERNT _____

WAS KANN ICH VERBESSERN _____

_____

ICH FREUE MICH AUF EINEN NEUEN TAG _____

ICH BEDANKE MICH REAL ODER IM GEIST BEI _____

_____

DATUM _____ WOCHENTAG _____

AUFGESTANDEN UM _____ ZU BETT GEGANGEN UM _____

MEIN SCHLAF IST GUT __ UNRUHIG __ SCHMERZEN __ OFT WACH __

BLUTDRUCK IN mmHg _____ _____ _____

BLUTZUCKERWERT IN mg/dl _____ _____ _____

MEIN GEWICHT _____ MEIN WUNSCHGEWICHT _____

KAM POST? KEINE __ POSITIVE __ NEGATIVE __ WERBUNG __

KONKRET _____

FRÜHSTÜCK _____

MITTAGESSEN _____

ABENDESSEN _____

WETTER IST SONNIG __ REGEN __ WARM __ KALT __

MIT DEM WETTER WAR ICH ZUFRIEDEN __ UNZUFRIEDEN __

ICH FÜHLTE MICH GESUND __ KRANK __ STARK __ SCHWACH __

ES GING MIR GUT __ NICHT GUT __ WETTERFÜHLIG __

GEFROHREN __   Wetter:

KOPFSCHMERZEN __

_____

_____

ERLEBNISSE HEUTE _____

_____

_____

_____

ÄNGSTE: GESUNDHEIT __ GELD __ FAMILIE __ BERUF __

KONKRET _____

_____

MEIN TAG WAR POSITIV __ NEUTRAL __ NEGATIV __ SCHMERZEN __

KONKRET _____

_____

GLÜCKSMOMENTE _____

MEINE WÜNSCHE _____

WAS HABE ICH GELERNT _____

WAS KANN ICH VERBESSERN _____

_____

ICH FREUE MICH AUF EINEN NEUEN TAG _____

ICH BEDANKE MICH REAL ODER IM GEIST BEI _____

_____

DATUM _____ WOCHENTAG _____

AUFGESTANDEN UM _____ ZU BETT GEGANGEN UM _____

MEIN SCHLAF IST GUT __ UNRUHIG __ SCHMERZEN __ OFT WACH __

BLUTDRUCK IN mmHg _____ _____ _____

BLUTZUCKERWERT IN mg/dl _____ _____ _____

MEIN GEWICHT _____ MEIN WUNSCHGEWICHT _____

KAM POST? KEINE __ POSITIVE __ NEGATIVE __ WERBUNG __

KONKRET _____

FRÜHSTÜCK _____

MITTAGESSEN _____

ABENDESSEN _____

WETTER IST SONNIG __ REGEN __ WARM __ KALT __

MIT DEM WETTER WAR ICH ZUFRIEDEN __ UNZUFRIEDEN __

ICH FÜHLTE MICH GESUND __ KRANK __ STARK __ SCHWACH __

ES GING MIR GUT __ NICHT GUT __ WETTERFÜHLIG __

GEFROHREN __   Wetter:

KOPFSCHMERZEN __

_____

_____

ERLEBNISSE HEUTE _____

_____

_____

_____

ÄNGSTE: GESUNDHEIT __ GELD __ FAMILIE __ BERUF __

KONKRET _____

_____

MEIN TAG WAR POSITIV __ NEUTRAL __ NEGATIV __ SCHMERZEN __

KONKRET _____

_____

GLÜCKSMOMENTE _____

MEINE WÜNSCHE _____

WAS HABE ICH GELERNT _____

WAS KANN ICH VERBESSERN _____

_____

ICH FREUE MICH AUF EINEN NEUEN TAG _____

ICH BEDANKE MICH REAL ODER IM GEIST BEI _____

_____

DATUM _____ WOCHENTAG _____

AUFGESTANDEN UM _____ ZU BETT GEGANGEN UM _____

MEIN SCHLAF IST GUT __ UNRUHIG __ SCHMERZEN __ OFT WACH __

BLUTDRUCK IN mmHg _____ _____ _____

BLUTZUCKERWERT IN mg/dl _____ _____ _____

MEIN GEWICHT _____ MEIN WUNSCHGEWICHT _____

KAM POST? KEINE __ POSITIVE __ NEGATIVE __ WERBUNG __

KONKRET _____

FRÜHSTÜCK _____

MITTAGESSEN _____

ABENDESSEN _____

WETTER IST SONNIG __ REGEN __ WARM __ KALT __

MIT DEM WETTER WAR ICH ZUFRIEDEN __ UNZUFRIEDEN __

ICH FÜHLTE MICH GESUND __ KRANK __ STARK __ SCHWACH __

ES GING MIR GUT __ NICHT GUT __ WETTERFÜHLIG __

GEFROHREN __ Wetter:

KOPFSCHMERZEN __

_____

_____

ERLEBNISSE HEUTE _____

_____

_____

_____

ÄNGSTE: GESUNDHEIT __ GELD __ FAMILIE __ BERUF __

KONKRET _____

_____

MEIN TAG WAR POSITIV __ NEUTRAL __ NEGATIV __ SCHMERZEN __

KONKRET _____

_____

GLÜCKSMOMENTE _____

MEINE WÜNSCHE _____

WAS HABE ICH GELERNT _____

WAS KANN ICH VERBESSERN _____

_____

ICH FREUE MICH AUF EINEN NEUEN TAG _____

ICH BEDANKE MICH REAL ODER IM GEIST BEI _____

_____

DATUM _____ WOCHENTAG _____

AUFGESTANDEN UM _____ ZU BETT GEGANGEN UM _____

MEIN SCHLAF IST GUT __ UNRUHIG __ SCHMERZEN __ OFT WACH __

BLUTDRUCK IN mmHg _____ _____ _____

BLUTZUCKERWERT IN mg/dl _____ _____ _____

MEIN GEWICHT _____ MEIN WUNSCHGEWICHT _____

KAM POST? KEINE __ POSITIVE __ NEGATIVE __ WERBUNG __

KONKRET _____

FRÜHSTÜCK _____

MITTAGESSEN _____

ABENDESSEN _____

WETTER IST SONNIG __ REGEN __ WARM __ KALT __

MIT DEM WETTER WAR ICH ZUFRIEDEN __ UNZUFRIEDEN __

ICH FÜHLTE MICH GESUND __ KRANK __ STARK __ SCHWACH __

ES GING MIR GUT __ NICHT GUT __ WETTERFÜHLIG __

GEFROHREN __   Wetter:

KOPFSCHMERZEN __

_____

_____

ERLEBNISSE HEUTE _____

_____

_____

_____

ÄNGSTE: GESUNDHEIT __ GELD __ FAMILIE __ BERUF __

KONKRET _____

_____

MEIN TAG WAR POSITIV __ NEUTRAL __ NEGATIV __ SCHMERZEN __

KONKRET _____

_____

GLÜCKSMOMENTE _____

MEINE WÜNSCHE _____

WAS HABE ICH GELERNT _____

WAS KANN ICH VERBESSERN _____

_____

ICH FREUE MICH AUF EINEN NEUEN TAG _____

ICH BEDANKE MICH REAL ODER IM GEIST BEI _____

_____

DATUM _____ WOCHENTAG _____

AUFGESTANDEN UM _____ ZU BETT GEGANGEN UM _____

MEIN SCHLAF IST GUT __ UNRUHIG __ SCHMERZEN __ OFT WACH __

BLUTDRUCK IN mmHg _____ _____ _____

BLUTZUCKERWERT IN mg/dl _____ _____ _____

MEIN GEWICHT _____ MEIN WUNSCHGEWICHT _____

KAM POST? KEINE __ POSITIVE __ NEGATIVE __ WERBUNG __

KONKRET _____

FRÜHSTÜCK _____

MITTAGESSEN _____

ABENDESSEN _____

WETTER IST SONNIG __ REGEN __ WARM __ KALT __

MIT DEM WETTER WAR ICH ZUFRIEDEN __ UNZUFRIEDEN __

ICH FÜHLTE MICH GESUND __ KRANK __ STARK __ SCHWACH __

ES GING MIR GUT __ NICHT GUT __ WETTERFÜHLIG __

GEFROHREN __   Wetter:

KOPFSCHMERZEN __

_____

_____

ERLEBNISSE HEUTE _____

_____

_____

_____

ÄNGSTE: GESUNDHEIT __ GELD __ FAMILIE __ BERUF __

KONKRET _____

_____

MEIN TAG WAR POSITIV __ NEUTRAL __ NEGATIV __ SCHMERZEN __

KONKRET _____

_____

GLÜCKSMOMENTE _____

MEINE WÜNSCHE _____

WAS HABE ICH GELERNT _____

WAS KANN ICH VERBESSERN _____

_____

ICH FREUE MICH AUF EINEN NEUEN TAG _____

ICH BEDANKE MICH REAL ODER IM GEIST BEI _____

_____

DATUM _____ WOCHENTAG _____

AUFGESTANDEN UM _____ ZU BETT GEGANGEN UM _____

MEIN SCHLAF IST GUT __ UNRUHIG __ SCHMERZEN __ OFT WACH __

BLUTDRUCK IN mmHg _____ _____ _____

BLUTZUCKERWERT IN mg/dl _____ _____ _____

MEIN GEWICHT _____ MEIN WUNSCHGEWICHT _____

KAM POST? KEINE __ POSITIVE __ NEGATIVE __ WERBUNG __

KONKRET _____

FRÜHSTÜCK _____

MITTAGESSEN _____

ABENDESSEN _____

WETTER IST SONNIG __ REGEN __ WARM __ KALT __

MIT DEM WETTER WAR ICH ZUFRIEDEN __ UNZUFRIEDEN __

ICH FÜHLTE MICH GESUND __ KRANK __ STARK __ SCHWACH __

ES GING MIR GUT __ NICHT GUT __ WETTERFÜHLIG __

GEFROHREN __   Wetter:

KOPFSCHMERZEN __

_____

_____

ERLEBNISSE HEUTE _____

_____

_____

_____

ÄNGSTE: GESUNDHEIT __ GELD __ FAMILIE __ BERUF __

KONKRET _____

_____

MEIN TAG WAR POSITIV __ NEUTRAL __ NEGATIV __ SCHMERZEN __

KONKRET _____

_____

GLÜCKSMOMENTE _____

MEINE WÜNSCHE _____

WAS HABE ICH GELERNT _____

WAS KANN ICH VERBESSERN _____

_____

ICH FREUE MICH AUF EINEN NEUEN TAG _____

ICH BEDANKE MICH REAL ODER IM GEIST BEI _____

_____

DATUM _____ WOCHENTAG _____

AUFGESTANDEN UM _____ ZU BETT GEGANGEN UM _____

MEIN SCHLAF IST GUT __ UNRUHIG __ SCHMERZEN __ OFT WACH __

BLUTDRUCK IN mmHg _____ _____ _____

BLUTZUCKERWERT IN mg/dl _____ _____ _____

MEIN GEWICHT _____ MEIN WUNSCHGEWICHT _____

KAM POST? KEINE __ POSITIVE __ NEGATIVE __ WERBUNG __

KONKRET _____

FRÜHSTÜCK _____

MITTAGESSEN _____

ABENDESSEN _____

WETTER IST SONNIG __ REGEN __ WARM __ KALT __

MIT DEM WETTER WAR ICH ZUFRIEDEN __ UNZUFRIEDEN __

ICH FÜHLTE MICH GESUND __ KRANK __ STARK __ SCHWACH __

ES GING MIR GUT __ NICHT GUT __ WETTERFÜHLIG __

GEFROHREN __   Wetter:

KOPFSCHMERZEN __

_____

_____

ERLEBNISSE HEUTE _____

_____

_____

_____

ÄNGSTE: GESUNDHEIT __ GELD __ FAMILIE __ BERUF __

KONKRET _____

_____

MEIN TAG WAR POSITIV __ NEUTRAL __ NEGATIV __ SCHMERZEN __

KONKRET _____

_____

GLÜCKSMOMENTE _____

MEINE WÜNSCHE _____

WAS HABE ICH GELERNT _____

WAS KANN ICH VERBESSERN _____

_____

ICH FREUE MICH AUF EINEN NEUEN TAG _____

ICH BEDANKE MICH REAL ODER IM GEIST BEI _____

_____

DATUM _____ WOCHENTAG _____

AUFGESTANDEN UM _____ ZU BETT GEGANGEN UM _____

MEIN SCHLAF IST GUT __ UNRUHIG __ SCHMERZEN __ OFT WACH __

BLUTDRUCK IN mmHg _____ _____ _____

BLUTZUCKERWERT IN mg/dl _____ _____ _____

MEIN GEWICHT _____ MEIN WUNSCHGEWICHT _____

KAM POST? KEINE __ POSITIVE __ NEGATIVE __ WERBUNG __

KONKRET _____

FRÜHSTÜCK _____

MITTAGESSEN _____

ABENDESSEN _____

WETTER IST SONNIG __ REGEN __ WARM __ KALT __

MIT DEM WETTER WAR ICH ZUFRIEDEN __ UNZUFRIEDEN __

ICH FÜHLTE MICH GESUND __ KRANK __ STARK __ SCHWACH __

ES GING MIR GUT __ NICHT GUT __ WETTERFÜHLIG __

GEFROHREN __   Wetter:

KOPFSCHMERZEN __

_____

_____

ERLEBNISSE HEUTE _____

_____

_____

_____

ÄNGSTE: GESUNDHEIT __ GELD __ FAMILIE __ BERUF __

KONKRET _____

_____

MEIN TAG WAR POSITIV __ NEUTRAL __ NEGATIV __ SCHMERZEN __

KONKRET _____

_____

GLÜCKSMOMENTE _____

MEINE WÜNSCHE _____

WAS HABE ICH GELERNT _____

WAS KANN ICH VERBESSERN _____

_____

ICH FREUE MICH AUF EINEN NEUEN TAG _____

ICH BEDANKE MICH REAL ODER IM GEIST BEI _____

_____

DATUM _____ WOCHENTAG _____

AUFGESTANDEN UM _____ ZU BETT GEGANGEN UM _____

MEIN SCHLAF IST GUT __ UNRUHIG __ SCHMERZEN __ OFT WACH __

BLUTDRUCK IN mmHg _____ _____ _____

BLUTZUCKERWERT IN mg/dl _____ _____ _____

MEIN GEWICHT _____ MEIN WUNSCHGEWICHT _____

KAM POST? KEINE __ POSITIVE __ NEGATIVE __ WERBUNG __

KONKRET _____

FRÜHSTÜCK _____

MITTAGESSEN _____

ABENDESSEN _____

WETTER IST SONNIG __ REGEN __ WARM __ KALT __

MIT DEM WETTER WAR ICH ZUFRIEDEN __ UNZUFRIEDEN __

ICH FÜHLTE MICH GESUND __ KRANK __ STARK __ SCHWACH __

ES GING MIR GUT __ NICHT GUT __ WETTERFÜHLIG __

GEFROHREN __   Wetter:

KOPFSCHMERZEN __

_____

_____

ERLEBNISSE HEUTE _____

_____

_____

_____

ÄNGSTE: GESUNDHEIT __ GELD __ FAMILIE __ BERUF __

KONKRET _____

_____

MEIN TAG WAR POSITIV __ NEUTRAL __ NEGATIV __ SCHMERZEN __

KONKRET _____

_____

GLÜCKSMOMENTE _____

MEINE WÜNSCHE _____

WAS HABE ICH GELERNT _____

WAS KANN ICH VERBESSERN _____

_____

ICH FREUE MICH AUF EINEN NEUEN TAG _____

ICH BEDANKE MICH REAL ODER IM GEIST BEI _____

_____

DATUM _____ WOCHENTAG _____

AUFGESTANDEN UM _____ ZU BETT GEGANGEN UM _____

MEIN SCHLAF IST GUT __ UNRUHIG __ SCHMERZEN __ OFT WACH __

BLUTDRUCK IN mmHg _____ _____ _____

BLUTZUCKERWERT IN mg/dl _____ _____ _____

MEIN GEWICHT _____ MEIN WUNSCHGEWICHT _____

KAM POST? KEINE __ POSITIVE __ NEGATIVE __ WERBUNG __

KONKRET _____

FRÜHSTÜCK _____

MITTAGESSEN _____

ABENDESSEN _____

WETTER IST SONNIG __ REGEN __ WARM __ KALT __

MIT DEM WETTER WAR ICH ZUFRIEDEN __ UNZUFRIEDEN __

ICH FÜHLTE MICH GESUND __ KRANK __ STARK __ SCHWACH __

ES GING MIR GUT __ NICHT GUT __ WETTERFÜHLIG __

GEFROHREN __   Wetter:

KOPFSCHMERZEN __

_____

_____

ERLEBNISSE HEUTE _____

_____

_____

_____

ÄNGSTE: GESUNDHEIT __ GELD __ FAMILIE __ BERUF __

KONKRET _____

_____

MEIN TAG WAR POSITIV __ NEUTRAL __ NEGATIV __ SCHMERZEN __

KONKRET _____

_____

GLÜCKSMOMENTE _____

MEINE WÜNSCHE _____

WAS HABE ICH GELERNT _____

WAS KANN ICH VERBESSERN _____

_____

ICH FREUE MICH AUF EINEN NEUEN TAG _____

ICH BEDANKE MICH REAL ODER IM GEIST BEI _____

_____

Zwischenbilanz nach 30 Einträgen:

Machen wir uns gemeinsam Gedanken über die letzten Eintragungen.
Wenn Sie Blutdruckwerte und/oder Blutzuckerwerte eingetragen haben,
wie sind die Werte? Sollten sie ungünstig sein, kann auch Stress eine
Wirkung darauf haben. Vorerkrankungen müssen natürlich beachtet werden.
Ein Besuch beim Arzt ist immer wichtig. Kommen wir noch einmal zum Stress
zurück. Kam unangenehme Post zu Ihnen? JA __ NEIN __
Lassen Sie keine Post ungeöffnet. Klären Sie alles.

Was macht Ihr Gewicht? Eine Gewichtszunahme fördert Diabetes. Essen Sie
gesund? Weniger Fleisch hilft. Weniger Fastfood hilft. Gemüse hilft.

Haben Sie Schmerzen? JA __ NEIN __
Sind Sie wetterfühlig? JA __ NEIN __
Rauchen Sie? JA __ NEIN __
Hatten Sie mehr positive als negative Tage? JA __ NEIN __

Sie werden sich wohler fühlen, wenn Sie das Körpergewicht im Griff haben.
Auch wenn Sie nicht oder weniger rauchen. Ihre Gesundheit und Ihr Geld
werden es Ihnen danken.
Über was denken Sie nach? Werden Probleme gewälzt? Können Sie etwas
innerhalb der Familie oder mit Freunden oder mit einem Arzt erörtern?
Nicht nur der Körper, auch der Geist, muss ausgeglichen und zufrieden sein.
Sie werden sich wohler fühlen, ein stolzeres Auftretenn haben, positiver
Denken und LEBEN! ES IST IHRE ZEIT! ES IST IHR LEBEN!

Was hat sich positiv verändert?

_____

_____

_____

_____

_____

_____

DATUM _____ WOCHENTAG _____

AUFGESTANDEN UM _____ ZU BETT GEGANGEN UM _____

MEIN SCHLAF IST GUT __ UNRUHIG __ SCHMERZEN __ OFT WACH __

BLUTDRUCK IN mmHg _____ _____ _____

BLUTZUCKERWERT IN mg/dl _____ _____ _____

MEIN GEWICHT _____ MEIN WUNSCHGEWICHT _____

KAM POST? KEINE __ POSITIVE __ NEGATIVE __ WERBUNG __

KONKRET _____

FRÜHSTÜCK _____

MITTAGESSEN _____

ABENDESSEN _____

WETTER IST SONNIG __ REGEN __ WARM __ KALT __

MIT DEM WETTER WAR ICH ZUFRIEDEN __ UNZUFRIEDEN __

ICH FÜHLTE MICH GESUND __ KRANK __ STARK __ SCHWACH __

ES GING MIR GUT __ NICHT GUT __ WETTERFÜHLIG __

GEFROHREN __   Wetter:

KOPFSCHMERZEN __

_____

_____

ERLEBNISSE HEUTE _____

_____

_____

_____

ÄNGSTE: GESUNDHEIT __ GELD __ FAMILIE __ BERUF __

KONKRET _____

_____

MEIN TAG WAR POSITIV __ NEUTRAL __ NEGATIV __ SCHMERZEN __

KONKRET _____

_____

GLÜCKSMOMENTE _____

MEINE WÜNSCHE _____

WAS HABE ICH GELERNT _____

WAS KANN ICH VERBESSERN _____

_____

ICH FREUE MICH AUF EINEN NEUEN TAG _____

ICH BEDANKE MICH REAL ODER IM GEIST BEI _____

_____

DATUM _____ WOCHENTAG _____

AUFGESTANDEN UM _____ ZU BETT GEGANGEN UM _____

MEIN SCHLAF IST GUT __ UNRUHIG __ SCHMERZEN __ OFT WACH __

BLUTDRUCK IN mmHg _____ _____ _____

BLUTZUCKERWERT IN mg/dl _____ _____ _____

MEIN GEWICHT _____ MEIN WUNSCHGEWICHT _____

KAM POST? KEINE __ POSITIVE __ NEGATIVE __ WERBUNG __

KONKRET _____

FRÜHSTÜCK _____

MITTAGESSEN _____

ABENDESSEN _____

WETTER IST SONNIG __ REGEN __ WARM __ KALT __

MIT DEM WETTER WAR ICH ZUFRIEDEN __ UNZUFRIEDEN __

ICH FÜHLTE MICH GESUND __ KRANK __ STARK __ SCHWACH __

ES GING MIR GUT __ NICHT GUT __ WETTERFÜHLIG __

GEFROHREN __   Wetter:

KOPFSCHMERZEN __

_____

_____

ERLEBNISSE HEUTE _____

_____

_____

_____

ÄNGSTE: GESUNDHEIT __ GELD __ FAMILIE __ BERUF __

KONKRET _____

_____

MEIN TAG WAR POSITIV __ NEUTRAL __ NEGATIV __ SCHMERZEN __

KONKRET _____

_____

GLÜCKSMOMENTE _____

MEINE WÜNSCHE _____

WAS HABE ICH GELERNT _____

WAS KANN ICH VERBESSERN _____

_____

ICH FREUE MICH AUF EINEN NEUEN TAG _____

ICH BEDANKE MICH REAL ODER IM GEIST BEI _____

_____

DATUM _____ WOCHENTAG _____

AUFGESTANDEN UM _____ ZU BETT GEGANGEN UM _____

MEIN SCHLAF IST GUT __ UNRUHIG __ SCHMERZEN __ OFT WACH __

BLUTDRUCK IN mmHg _____ _____ _____

BLUTZUCKERWERT IN mg/dl _____ _____ _____

MEIN GEWICHT _____ MEIN WUNSCHGEWICHT _____

KAM POST? KEINE __ POSITIVE __ NEGATIVE __ WERBUNG __

KONKRET _____

FRÜHSTÜCK _____

MITTAGESSEN _____

ABENDESSEN _____

WETTER IST SONNIG __ REGEN __ WARM __ KALT __

MIT DEM WETTER WAR ICH ZUFRIEDEN __ UNZUFRIEDEN __

ICH FÜHLTE MICH GESUND __ KRANK __ STARK __ SCHWACH __

ES GING MIR GUT __ NICHT GUT __ WETTERFÜHLIG __

GEFROHREN __   Wetter:

KOPFSCHMERZEN __

_____

_____

ERLEBNISSE HEUTE _____

_____

_____

ÄNGSTE: GESUNDHEIT __ GELD __ FAMILIE __ BERUF __

KONKRET _____

_____

MEIN TAG WAR POSITIV __ NEUTRAL __ NEGATIV __ SCHMERZEN __

KONKRET _____

_____

GLÜCKSMOMENTE _____

MEINE WÜNSCHE _____

WAS HABE ICH GELERNT _____

WAS KANN ICH VERBESSERN _____

_____

ICH FREUE MICH AUF EINEN NEUEN TAG _____

ICH BEDANKE MICH REAL ODER IM GEIST BEI _____

_____

DATUM _____ WOCHENTAG _____

AUFGESTANDEN UM _____ ZU BETT GEGANGEN UM _____

MEIN SCHLAF IST GUT __ UNRUHIG __ SCHMERZEN __ OFT WACH __

BLUTDRUCK IN mmHg _____ _____ _____

BLUTZUCKERWERT IN mg/dl _____ _____ _____

MEIN GEWICHT _____ MEIN WUNSCHGEWICHT _____

KAM POST? KEINE __ POSITIVE __ NEGATIVE __ WERBUNG __

KONKRET _____

FRÜHSTÜCK _____

MITTAGESSEN _____

ABENDESSEN _____

WETTER IST SONNIG __ REGEN __ WARM __ KALT __

MIT DEM WETTER WAR ICH ZUFRIEDEN __ UNZUFRIEDEN __

ICH FÜHLTE MICH GESUND __ KRANK __ STARK __ SCHWACH __

ES GING MIR GUT __ NICHT GUT __ WETTERFÜHLIG __

GEFROHREN __   Wetter:

KOPFSCHMERZEN __

_____

_____

ERLEBNISSE HEUTE _____

_____

_____

_____

ÄNGSTE: GESUNDHEIT __ GELD __ FAMILIE __ BERUF __

KONKRET _____

_____

MEIN TAG WAR POSITIV __ NEUTRAL __ NEGATIV __ SCHMERZEN __

KONKRET _____

_____

GLÜCKSMOMENTE _____

MEINE WÜNSCHE _____

WAS HABE ICH GELERNT _____

WAS KANN ICH VERBESSERN _____

_____

ICH FREUE MICH AUF EINEN NEUEN TAG _____

ICH BEDANKE MICH REAL ODER IM GEIST BEI _____

_____

DATUM _____ WOCHENTAG _____

AUFGESTANDEN UM _____ ZU BETT GEGANGEN UM _____

MEIN SCHLAF IST GUT __ UNRUHIG __ SCHMERZEN __ OFT WACH __

BLUTDRUCK IN mmHg _____ _____ _____

BLUTZUCKERWERT IN mg/dl _____ _____ _____

MEIN GEWICHT _____ MEIN WUNSCHGEWICHT _____

KAM POST? KEINE __ POSITIVE __ NEGATIVE __ WERBUNG __

KONKRET _____

FRÜHSTÜCK _____

MITTAGESSEN _____

ABENDESSEN _____

WETTER IST SONNIG __ REGEN __ WARM __ KALT __

MIT DEM WETTER WAR ICH ZUFRIEDEN __ UNZUFRIEDEN __

ICH FÜHLTE MICH GESUND __ KRANK __ STARK __ SCHWACH __

ES GING MIR GUT __ NICHT GUT __ WETTERFÜHLIG __

GEFROHREN __   Wetter:

KOPFSCHMERZEN __

_____

_____

ERLEBNISSE HEUTE _____

_____

_____

_____

ÄNGSTE: GESUNDHEIT __ GELD __ FAMILIE __ BERUF __

KONKRET _____

_____

MEIN TAG WAR POSITIV __ NEUTRAL __ NEGATIV __ SCHMERZEN __

KONKRET _____

_____

GLÜCKSMOMENTE _____

MEINE WÜNSCHE _____

WAS HABE ICH GELERNT _____

WAS KANN ICH VERBESSERN _____

_____

ICH FREUE MICH AUF EINEN NEUEN TAG _____

ICH BEDANKE MICH REAL ODER IM GEIST BEI _____

_____

DATUM _____ WOCHENTAG _____

AUFGESTANDEN UM _____ ZU BETT GEGANGEN UM _____

MEIN SCHLAF IST GUT __ UNRUHIG __ SCHMERZEN __ OFT WACH __

BLUTDRUCK IN mmHg _____ _____ _____

BLUTZUCKERWERT IN mg/dl _____ _____ _____

MEIN GEWICHT _____ MEIN WUNSCHGEWICHT _____

KAM POST? KEINE __ POSITIVE __ NEGATIVE __ WERBUNG __

KONKRET _____

FRÜHSTÜCK _____

MITTAGESSEN _____

ABENDESSEN _____

WETTER IST SONNIG __ REGEN __ WARM __ KALT __

MIT DEM WETTER WAR ICH ZUFRIEDEN __ UNZUFRIEDEN __

ICH FÜHLTE MICH GESUND __ KRANK __ STARK __ SCHWACH __

ES GING MIR GUT __ NICHT GUT __ WETTERFÜHLIG __

GEFROHREN __

KOPFSCHMERZEN __

_____

_____

Wetter:

ERLEBNISSE HEUTE _____

_____

_____

_____

ÄNGSTE: GESUNDHEIT __ GELD __ FAMILIE __ BERUF __

KONKRET _____

_____

MEIN TAG WAR POSITIV __ NEUTRAL __ NEGATIV __ SCHMERZEN __

KONKRET _____

_____

GLÜCKSMOMENTE _____

MEINE WÜNSCHE _____

WAS HABE ICH GELERNT _____

WAS KANN ICH VERBESSERN _____

_____

ICH FREUE MICH AUF EINEN NEUEN TAG _____

ICH BEDANKE MICH REAL ODER IM GEIST BEI _____

_____

DATUM _____ WOCHENTAG _____

AUFGESTANDEN UM _____ ZU BETT GEGANGEN UM _____

MEIN SCHLAF IST GUT __ UNRUHIG __ SCHMERZEN __ OFT WACH __

BLUTDRUCK IN mmHg _____ _____ _____

BLUTZUCKERWERT IN mg/dl _____ _____ _____

MEIN GEWICHT _____ MEIN WUNSCHGEWICHT _____

KAM POST? KEINE __ POSITIVE __ NEGATIVE __ WERBUNG __

KONKRET _____

FRÜHSTÜCK _____

MITTAGESSEN _____

ABENDESSEN _____

WETTER IST SONNIG __ REGEN __ WARM __ KALT __

MIT DEM WETTER WAR ICH ZUFRIEDEN __ UNZUFRIEDEN __

ICH FÜHLTE MICH GESUND __ KRANK __ STARK __ SCHWACH __

ES GING MIR GUT __ NICHT GUT __ WETTERFÜHLIG __

GEFROHREN __   Wetter:

KOPFSCHMERZEN __

_____

_____

ERLEBNISSE HEUTE _____

_____

_____

ÄNGSTE: GESUNDHEIT __ GELD __ FAMILIE __ BERUF __

KONKRET _____

MEIN TAG WAR POSITIV __ NEUTRAL __ NEGATIV __ SCHMERZEN __

KONKRET _____

GLÜCKSMOMENTE _____

MEINE WÜNSCHE _____

WAS HABE ICH GELERNT _____

WAS KANN ICH VERBESSERN _____

ICH FREUE MICH AUF EINEN NEUEN TAG _____

ICH BEDANKE MICH REAL ODER IM GEIST BEI _____

_____

DATUM _____ WOCHENTAG _____

AUFGESTANDEN UM _____ ZU BETT GEGANGEN UM _____

MEIN SCHLAF IST GUT __ UNRUHIG __ SCHMERZEN __ OFT WACH __

BLUTDRUCK IN mmHg _____ _____ _____

BLUTZUCKERWERT IN mg/dl _____ _____ _____

MEIN GEWICHT _____ MEIN WUNSCHGEWICHT _____

KAM POST? KEINE __ POSITIVE __ NEGATIVE __ WERBUNG __

KONKRET _____

FRÜHSTÜCK _____

MITTAGESSEN _____

ABENDESSEN _____

WETTER IST SONNIG __ REGEN __ WARM __ KALT __

MIT DEM WETTER WAR ICH ZUFRIEDEN __ UNZUFRIEDEN __

ICH FÜHLTE MICH GESUND __ KRANK __ STARK __ SCHWACH __

ES GING MIR GUT __ NICHT GUT __ WETTERFÜHLIG __

GEFROHREN __   Wetter:

KOPFSCHMERZEN __

_____

_____

ERLEBNISSE HEUTE _____

_____

_____

_____

ÄNGSTE: GESUNDHEIT __ GELD __ FAMILIE __ BERUF __

KONKRET _____

_____

MEIN TAG WAR POSITIV __ NEUTRAL __ NEGATIV __ SCHMERZEN __

KONKRET _____

_____

GLÜCKSMOMENTE _____

MEINE WÜNSCHE _____

WAS HABE ICH GELERNT _____

WAS KANN ICH VERBESSERN _____

_____

ICH FREUE MICH AUF EINEN NEUEN TAG _____

ICH BEDANKE MICH REAL ODER IM GEIST BEI _____

_____

DATUM _____ WOCHENTAG _____

AUFGESTANDEN UM _____ ZU BETT GEGANGEN UM _____

MEIN SCHLAF IST GUT __ UNRUHIG __ SCHMERZEN __ OFT WACH __

BLUTDRUCK IN mmHg _____ _____ _____

BLUTZUCKERWERT IN mg/dl _____ _____ _____

MEIN GEWICHT _____ MEIN WUNSCHGEWICHT _____

KAM POST? KEINE __ POSITIVE __ NEGATIVE __ WERBUNG __

KONKRET _____

FRÜHSTÜCK _____

MITTAGESSEN _____

ABENDESSEN _____

WETTER IST SONNIG __ REGEN __ WARM __ KALT __

MIT DEM WETTER WAR ICH ZUFRIEDEN __ UNZUFRIEDEN __

ICH FÜHLTE MICH GESUND __ KRANK __ STARK __ SCHWACH __

ES GING MIR GUT __ NICHT GUT __ WETTERFÜHLIG __

GEFROHREN __   Wetter:

KOPFSCHMERZEN __

_____

_____

ERLEBNISSE HEUTE _____

_____

_____

_____

ÄNGSTE: GESUNDHEIT __ GELD __ FAMILIE __ BERUF __

KONKRET _____

_____

MEIN TAG WAR POSITIV __ NEUTRAL __ NEGATIV __ SCHMERZEN __

KONKRET _____

_____

GLÜCKSMOMENTE _____

MEINE WÜNSCHE _____

WAS HABE ICH GELERNT _____

WAS KANN ICH VERBESSERN _____

_____

ICH FREUE MICH AUF EINEN NEUEN TAG _____

ICH BEDANKE MICH REAL ODER IM GEIST BEI _____

_____

DATUM _____ WOCHENTAG _____

AUFGESTANDEN UM _____ ZU BETT GEGANGEN UM _____

MEIN SCHLAF IST GUT __ UNRUHIG __ SCHMERZEN __ OFT WACH __

BLUTDRUCK IN mmHg _____ _____ _____

BLUTZUCKERWERT IN mg/dl _____ _____ _____

MEIN GEWICHT _____ MEIN WUNSCHGEWICHT _____

KAM POST? KEINE __ POSITIVE __ NEGATIVE __ WERBUNG __

KONKRET _____

FRÜHSTÜCK _____

MITTAGESSEN _____

ABENDESSEN _____

WETTER IST SONNIG __ REGEN __ WARM __ KALT __

MIT DEM WETTER WAR ICH ZUFRIEDEN __ UNZUFRIEDEN __

ICH FÜHLTE MICH GESUND __ KRANK __ STARK __ SCHWACH __

ES GING MIR GUT __ NICHT GUT __ WETTERFÜHLIG __

GEFROHREN __   Wetter:

KOPFSCHMERZEN __

_____

_____

ERLEBNISSE HEUTE _____

_____

_____

_____

ÄNGSTE: GESUNDHEIT __ GELD __ FAMILIE __ BERUF __

KONKRET _____

_____

MEIN TAG WAR POSITIV __ NEUTRAL __ NEGATIV __ SCHMERZEN __

KONKRET _____

_____

GLÜCKSMOMENTE _____

MEINE WÜNSCHE _____

WAS HABE ICH GELERNT _____

WAS KANN ICH VERBESSERN _____

_____

ICH FREUE MICH AUF EINEN NEUEN TAG _____

ICH BEDANKE MICH REAL ODER IM GEIST BEI _____

_____

DATUM _____ WOCHENTAG _____

AUFGESTANDEN UM _____ ZU BETT GEGANGEN UM _____

MEIN SCHLAF IST GUT __ UNRUHIG __ SCHMERZEN __ OFT WACH __

BLUTDRUCK IN mmHg _____ _____ _____

BLUTZUCKERWERT IN mg/dl _____ _____ _____

MEIN GEWICHT _____ MEIN WUNSCHGEWICHT _____

KAM POST? KEINE __ POSITIVE __ NEGATIVE __ WERBUNG __

KONKRET _____

FRÜHSTÜCK _____

MITTAGESSEN _____

ABENDESSEN _____

WETTER IST SONNIG __ REGEN __ WARM __ KALT __

MIT DEM WETTER WAR ICH ZUFRIEDEN __ UNZUFRIEDEN __

ICH FÜHLTE MICH GESUND __ KRANK __ STARK __ SCHWACH __

ES GING MIR GUT __ NICHT GUT __ WETTERFÜHLIG __

GEFROHREN __   Wetter:

KOPFSCHMERZEN __

_____

_____

ERLEBNISSE HEUTE _____

_____

_____

ÄNGSTE: GESUNDHEIT __ GELD __ FAMILIE __ BERUF __

KONKRET _____

MEIN TAG WAR POSITIV __ NEUTRAL __ NEGATIV __ SCHMERZEN __

KONKRET _____

GLÜCKSMOMENTE _____

MEINE WÜNSCHE _____

WAS HABE ICH GELERNT _____

WAS KANN ICH VERBESSERN _____

ICH FREUE MICH AUF EINEN NEUEN TAG _____

ICH BEDANKE MICH REAL ODER IM GEIST BEI _____

_____

DATUM _____ WOCHENTAG _____

AUFGESTANDEN UM _____ ZU BETT GEGANGEN UM _____

MEIN SCHLAF IST GUT __ UNRUHIG __ SCHMERZEN __ OFT WACH __

BLUTDRUCK IN mmHg _____ _____ _____

BLUTZUCKERWERT IN mg/dl _____ _____ _____

MEIN GEWICHT _____ MEIN WUNSCHGEWICHT _____

KAM POST? KEINE __ POSITIVE __ NEGATIVE __ WERBUNG __

KONKRET _____

FRÜHSTÜCK _____

MITTAGESSEN _____

ABENDESSEN _____

WETTER IST SONNIG __ REGEN __ WARM __ KALT __

MIT DEM WETTER WAR ICH ZUFRIEDEN __ UNZUFRIEDEN __

ICH FÜHLTE MICH GESUND __ KRANK __ STARK __ SCHWACH __

ES GING MIR GUT __ NICHT GUT __ WETTERFÜHLIG __

GEFROHREN __   Wetter:

KOPFSCHMERZEN __

_____

_____

ERLEBNISSE HEUTE _____

_____

_____

_____

ÄNGSTE: GESUNDHEIT __ GELD __ FAMILIE __ BERUF __

KONKRET _____

_____

MEIN TAG WAR POSITIV __ NEUTRAL __ NEGATIV __ SCHMERZEN __

KONKRET _____

_____

GLÜCKSMOMENTE _____

MEINE WÜNSCHE _____

WAS HABE ICH GELERNT _____

WAS KANN ICH VERBESSERN _____

_____

ICH FREUE MICH AUF EINEN NEUEN TAG _____

ICH BEDANKE MICH REAL ODER IM GEIST BEI _____

_____

DATUM _____ WOCHENTAG _____

AUFGESTANDEN UM _____ ZU BETT GEGANGEN UM _____

MEIN SCHLAF IST GUT __ UNRUHIG __ SCHMERZEN __ OFT WACH __

BLUTDRUCK IN mmHg _____ _____ _____

BLUTZUCKERWERT IN mg/dl _____ _____ _____

MEIN GEWICHT _____ MEIN WUNSCHGEWICHT _____

KAM POST? KEINE __ POSITIVE __ NEGATIVE __ WERBUNG __

KONKRET _____

FRÜHSTÜCK _____

MITTAGESSEN _____

ABENDESSEN _____

WETTER IST SONNIG __ REGEN __ WARM __ KALT __

MIT DEM WETTER WAR ICH ZUFRIEDEN __ UNZUFRIEDEN __

ICH FÜHLTE MICH GESUND __ KRANK __ STARK __ SCHWACH __

ES GING MIR GUT __ NICHT GUT __ WETTERFÜHLIG __

GEFROHREN __   Wetter:

KOPFSCHMERZEN __

_____

_____

ERLEBNISSE HEUTE _____

_____

_____

_____

ÄNGSTE: GESUNDHEIT __ GELD __ FAMILIE __ BERUF __

KONKRET _____

_____

MEIN TAG WAR POSITIV __ NEUTRAL __ NEGATIV __ SCHMERZEN __

KONKRET _____

_____

GLÜCKSMOMENTE _____

MEINE WÜNSCHE _____

WAS HABE ICH GELERNT _____

WAS KANN ICH VERBESSERN _____

_____

ICH FREUE MICH AUF EINEN NEUEN TAG _____

ICH BEDANKE MICH REAL ODER IM GEIST BEI _____

_____

DATUM _____ WOCHENTAG _____

AUFGESTANDEN UM _____ ZU BETT GEGANGEN UM _____

MEIN SCHLAF IST GUT __ UNRUHIG __ SCHMERZEN __ OFT WACH __

BLUTDRUCK IN mmHg _____ _____ _____

BLUTZUCKERWERT IN mg/dl _____ _____ _____

MEIN GEWICHT _____ MEIN WUNSCHGEWICHT _____

KAM POST? KEINE __ POSITIVE __ NEGATIVE __ WERBUNG __

KONKRET _____

FRÜHSTÜCK _____

MITTAGESSEN _____

ABENDESSEN _____

WETTER IST SONNIG __ REGEN __ WARM __ KALT __

MIT DEM WETTER WAR ICH ZUFRIEDEN __ UNZUFRIEDEN __

ICH FÜHLTE MICH GESUND __ KRANK __ STARK __ SCHWACH __

ES GING MIR GUT __ NICHT GUT __ WETTERFÜHLIG __

GEFROHREN __   Wetter:

KOPFSCHMERZEN __

_____

_____

ERLEBNISSE HEUTE _____

_____

_____

ÄNGSTE: GESUNDHEIT __ GELD __ FAMILIE __ BERUF __

KONKRET _____

MEIN TAG WAR POSITIV __ NEUTRAL __ NEGATIV __ SCHMERZEN __

KONKRET _____

GLÜCKSMOMENTE _____

MEINE WÜNSCHE _____

WAS HABE ICH GELERNT _____

WAS KANN ICH VERBESSERN _____

ICH FREUE MICH AUF EINEN NEUEN TAG _____

ICH BEDANKE MICH REAL ODER IM GEIST BEI _____

_____

DATUM _____ WOCHENTAG _____

AUFGESTANDEN UM _____ ZU BETT GEGANGEN UM _____

MEIN SCHLAF IST GUT __ UNRUHIG __ SCHMERZEN __ OFT WACH __

BLUTDRUCK IN mmHg _____ _____ _____

BLUTZUCKERWERT IN mg/dl _____ _____ _____

MEIN GEWICHT _____ MEIN WUNSCHGEWICHT _____

KAM POST? KEINE __ POSITIVE __ NEGATIVE __ WERBUNG __

KONKRET _____

FRÜHSTÜCK _____

MITTAGESSEN _____

ABENDESSEN _____

WETTER IST SONNIG __ REGEN __ WARM __ KALT __

MIT DEM WETTER WAR ICH ZUFRIEDEN __ UNZUFRIEDEN __

ICH FÜHLTE MICH GESUND __ KRANK __ STARK __ SCHWACH __

ES GING MIR GUT __ NICHT GUT __ WETTERFÜHLIG __

GEFROHREN __   Wetter:

KOPFSCHMERZEN __

_____

_____

ERLEBNISSE HEUTE _____

_____

_____

_____

ÄNGSTE: GESUNDHEIT __ GELD __ FAMILIE __ BERUF __

KONKRET _____

_____

MEIN TAG WAR POSITIV __ NEUTRAL __ NEGATIV __ SCHMERZEN __

KONKRET _____

_____

GLÜCKSMOMENTE _____

MEINE WÜNSCHE _____

WAS HABE ICH GELERNT _____

WAS KANN ICH VERBESSERN _____

_____

ICH FREUE MICH AUF EINEN NEUEN TAG _____

ICH BEDANKE MICH REAL ODER IM GEIST BEI _____

_____

DATUM _____ WOCHENTAG _____

AUFGESTANDEN UM _____ ZU BETT GEGANGEN UM _____

MEIN SCHLAF IST GUT __ UNRUHIG __ SCHMERZEN __ OFT WACH __

BLUTDRUCK IN mmHg _____ _____ _____

BLUTZUCKERWERT IN mg/dl _____ _____ _____

MEIN GEWICHT _____ MEIN WUNSCHGEWICHT _____

KAM POST? KEINE __ POSITIVE __ NEGATIVE __ WERBUNG __

KONKRET _____

FRÜHSTÜCK _____

MITTAGESSEN _____

ABENDESSEN _____

WETTER IST SONNIG __ REGEN __ WARM __ KALT __

MIT DEM WETTER WAR ICH ZUFRIEDEN __ UNZUFRIEDEN __

ICH FÜHLTE MICH GESUND __ KRANK __ STARK __ SCHWACH __

ES GING MIR GUT __ NICHT GUT __ WETTERFÜHLIG __

GEFROHREN __   Wetter:

KOPFSCHMERZEN __

_____

_____

ERLEBNISSE HEUTE _____

_____

_____

_____

ÄNGSTE: GESUNDHEIT __ GELD __ FAMILIE __ BERUF __

KONKRET _____

_____

MEIN TAG WAR POSITIV __ NEUTRAL __ NEGATIV __ SCHMERZEN __

KONKRET _____

_____

GLÜCKSMOMENTE _____

MEINE WÜNSCHE _____

WAS HABE ICH GELERNT _____

WAS KANN ICH VERBESSERN _____

_____

ICH FREUE MICH AUF EINEN NEUEN TAG _____

ICH BEDANKE MICH REAL ODER IM GEIST BEI _____

_____

DATUM _____ WOCHENTAG _____

AUFGESTANDEN UM _____ ZU BETT GEGANGEN UM _____

MEIN SCHLAF IST GUT __ UNRUHIG __ SCHMERZEN __ OFT WACH __

BLUTDRUCK IN mmHg _____ _____ _____

BLUTZUCKERWERT IN mg/dl _____ _____ _____

MEIN GEWICHT _____ MEIN WUNSCHGEWICHT _____

KAM POST? KEINE __ POSITIVE __ NEGATIVE __ WERBUNG __

KONKRET _____

FRÜHSTÜCK _____

MITTAGESSEN _____

ABENDESSEN _____

WETTER IST SONNIG __ REGEN __ WARM __ KALT __

MIT DEM WETTER WAR ICH ZUFRIEDEN __ UNZUFRIEDEN __

ICH FÜHLTE MICH GESUND __ KRANK __ STARK __ SCHWACH __

ES GING MIR GUT __ NICHT GUT __ WETTERFÜHLIG __

GEFROHREN __   Wetter:

KOPFSCHMERZEN __

_____

_____

ERLEBNISSE HEUTE _____

_____

_____

_____

ÄNGSTE: GESUNDHEIT __ GELD __ FAMILIE __ BERUF __

KONKRET _____

_____

MEIN TAG WAR POSITIV __ NEUTRAL __ NEGATIV __ SCHMERZEN __

KONKRET _____

_____

GLÜCKSMOMENTE _____

MEINE WÜNSCHE _____

WAS HABE ICH GELERNT _____

WAS KANN ICH VERBESSERN _____

_____

ICH FREUE MICH AUF EINEN NEUEN TAG _____

ICH BEDANKE MICH REAL ODER IM GEIST BEI _____

_____

DATUM _____ WOCHENTAG _____

AUFGESTANDEN UM _____ ZU BETT GEGANGEN UM _____

MEIN SCHLAF IST GUT __ UNRUHIG __ SCHMERZEN __ OFT WACH __

BLUTDRUCK IN mmHg _____ _____ _____

BLUTZUCKERWERT IN mg/dl _____ _____ _____

MEIN GEWICHT _____ MEIN WUNSCHGEWICHT _____

KAM POST? KEINE __ POSITIVE __ NEGATIVE __ WERBUNG __

KONKRET _____

FRÜHSTÜCK _____

MITTAGESSEN _____

ABENDESSEN _____

WETTER IST SONNIG __ REGEN __ WARM __ KALT __

MIT DEM WETTER WAR ICH ZUFRIEDEN __ UNZUFRIEDEN __

ICH FÜHLTE MICH GESUND __ KRANK __ STARK __ SCHWACH __

ES GING MIR GUT __ NICHT GUT __ WETTERFÜHLIG __

GEFROHREN __   Wetter:

KOPFSCHMERZEN __

_____

_____

ERLEBNISSE HEUTE _____

_____

_____

_____

ÄNGSTE: GESUNDHEIT __ GELD __ FAMILIE __ BERUF __

KONKRET _____

_____

MEIN TAG WAR POSITIV __ NEUTRAL __ NEGATIV __ SCHMERZEN __

KONKRET _____

_____

GLÜCKSMOMENTE _____

MEINE WÜNSCHE _____

WAS HABE ICH GELERNT _____

WAS KANN ICH VERBESSERN _____

_____

ICH FREUE MICH AUF EINEN NEUEN TAG _____

ICH BEDANKE MICH REAL ODER IM GEIST BEI _____

_____

DATUM _____ WOCHENTAG _____

AUFGESTANDEN UM _____ ZU BETT GEGANGEN UM _____

MEIN SCHLAF IST GUT __ UNRUHIG __ SCHMERZEN __ OFT WACH __

BLUTDRUCK IN mmHg _____ _____ _____

BLUTZUCKERWERT IN mg/dl _____ _____ _____

MEIN GEWICHT _____ MEIN WUNSCHGEWICHT _____

KAM POST? KEINE __ POSITIVE __ NEGATIVE __ WERBUNG __

KONKRET _____

FRÜHSTÜCK _____

MITTAGESSEN _____

ABENDESSEN _____

WETTER IST SONNIG __ REGEN __ WARM __ KALT __

MIT DEM WETTER WAR ICH ZUFRIEDEN __ UNZUFRIEDEN __

ICH FÜHLTE MICH GESUND __ KRANK __ STARK __ SCHWACH __

ES GING MIR GUT __ NICHT GUT __ WETTERFÜHLIG __

GEFROHREN __   Wetter:

KOPFSCHMERZEN __

_____

_____

ERLEBNISSE HEUTE _____

_____

_____

ÄNGSTE: GESUNDHEIT __ GELD __ FAMILIE __ BERUF __

KONKRET _____

MEIN TAG WAR POSITIV __ NEUTRAL __ NEGATIV __ SCHMERZEN __

KONKRET _____

GLÜCKSMOMENTE _____

MEINE WÜNSCHE _____

WAS HABE ICH GELERNT _____

WAS KANN ICH VERBESSERN _____

ICH FREUE MICH AUF EINEN NEUEN TAG _____

ICH BEDANKE MICH REAL ODER IM GEIST BEI _____

_____

DATUM _____ WOCHENTAG _____

AUFGESTANDEN UM _____ ZU BETT GEGANGEN UM _____

MEIN SCHLAF IST GUT __ UNRUHIG __ SCHMERZEN __ OFT WACH __

BLUTDRUCK IN mmHg _____ _____ _____

BLUTZUCKERWERT IN mg/dl _____ _____ _____

MEIN GEWICHT _____ MEIN WUNSCHGEWICHT _____

KAM POST? KEINE __ POSITIVE __ NEGATIVE __ WERBUNG __

KONKRET _____

FRÜHSTÜCK _____

MITTAGESSEN _____

ABENDESSEN _____

WETTER IST SONNIG __ REGEN __ WARM __ KALT __

MIT DEM WETTER WAR ICH ZUFRIEDEN __ UNZUFRIEDEN __

ICH FÜHLTE MICH GESUND __ KRANK __ STARK __ SCHWACH __

ES GING MIR GUT __ NICHT GUT __ WETTERFÜHLIG __

GEFROHREN __   Wetter:

KOPFSCHMERZEN __

_____

_____

ERLEBNISSE HEUTE _____

_____

_____

_____

ÄNGSTE: GESUNDHEIT __ GELD __ FAMILIE __ BERUF __

KONKRET _____

_____

MEIN TAG WAR POSITIV __ NEUTRAL __ NEGATIV __ SCHMERZEN __

KONKRET _____

_____

GLÜCKSMOMENTE _____

MEINE WÜNSCHE _____

WAS HABE ICH GELERNT _____

WAS KANN ICH VERBESSERN _____

_____

ICH FREUE MICH AUF EINEN NEUEN TAG _____

ICH BEDANKE MICH REAL ODER IM GEIST BEI _____

_____

DATUM _____ WOCHENTAG _____

AUFGESTANDEN UM _____ ZU BETT GEGANGEN UM _____

MEIN SCHLAF IST GUT __ UNRUHIG __ SCHMERZEN __ OFT WACH __

BLUTDRUCK IN mmHg _____ _____ _____

BLUTZUCKERWERT IN mg/dl _____ _____ _____

MEIN GEWICHT _____ MEIN WUNSCHGEWICHT _____

KAM POST? KEINE __ POSITIVE __ NEGATIVE __ WERBUNG __

KONKRET _____

FRÜHSTÜCK _____

MITTAGESSEN _____

ABENDESSEN _____

WETTER IST SONNIG __ REGEN __ WARM __ KALT __

MIT DEM WETTER WAR ICH ZUFRIEDEN __ UNZUFRIEDEN __

ICH FÜHLTE MICH GESUND __ KRANK __ STARK __ SCHWACH __

ES GING MIR GUT __ NICHT GUT __ WETTERFÜHLIG __

GEFROHREN __   Wetter:

KOPFSCHMERZEN __

_____

_____

ERLEBNISSE HEUTE _____

_____

_____

_____

ÄNGSTE: GESUNDHEIT __ GELD __ FAMILIE __ BERUF __

KONKRET _____

_____

MEIN TAG WAR POSITIV __ NEUTRAL __ NEGATIV __ SCHMERZEN __

KONKRET _____

_____

GLÜCKSMOMENTE _____

MEINE WÜNSCHE _____

WAS HABE ICH GELERNT _____

WAS KANN ICH VERBESSERN _____

_____

ICH FREUE MICH AUF EINEN NEUEN TAG _____

ICH BEDANKE MICH REAL ODER IM GEIST BEI _____

_____

DATUM _____ WOCHENTAG _____

AUFGESTANDEN UM _____ ZU BETT GEGANGEN UM _____

MEIN SCHLAF IST GUT __ UNRUHIG __ SCHMERZEN __ OFT WACH __

BLUTDRUCK IN mmHg _____ _____ _____

BLUTZUCKERWERT IN mg/dl _____ _____ _____

MEIN GEWICHT _____ MEIN WUNSCHGEWICHT _____

KAM POST? KEINE __ POSITIVE __ NEGATIVE __ WERBUNG __

KONKRET _____

FRÜHSTÜCK _____

MITTAGESSEN _____

ABENDESSEN _____

WETTER IST SONNIG __ REGEN __ WARM __ KALT __

MIT DEM WETTER WAR ICH ZUFRIEDEN __ UNZUFRIEDEN __

ICH FÜHLTE MICH GESUND __ KRANK __ STARK __ SCHWACH __

ES GING MIR GUT __ NICHT GUT __ WETTERFÜHLIG __

GEFROHREN __   Wetter:

__ KOPFSCHMERZEN __

_____

_____

ERLEBNISSE HEUTE _____

_____

_____

_____

ÄNGSTE: GESUNDHEIT __ GELD __ FAMILIE __ BERUF __

KONKRET _____

_____

MEIN TAG WAR POSITIV __ NEUTRAL __ NEGATIV __ SCHMERZEN __

KONKRET _____

_____

GLÜCKSMOMENTE _____

MEINE WÜNSCHE _____

WAS HABE ICH GELERNT _____

WAS KANN ICH VERBESSERN _____

_____

ICH FREUE MICH AUF EINEN NEUEN TAG _____

ICH BEDANKE MICH REAL ODER IM GEIST BEI _____

_____

DATUM _____ WOCHENTAG _____

AUFGESTANDEN UM _____ ZU BETT GEGANGEN UM _____

MEIN SCHLAF IST GUT __ UNRUHIG __ SCHMERZEN __ OFT WACH __

BLUTDRUCK IN mmHg _____ _____ _____

BLUTZUCKERWERT IN mg/dl _____ _____ _____

MEIN GEWICHT _____ MEIN WUNSCHGEWICHT _____

KAM POST? KEINE __ POSITIVE __ NEGATIVE __ WERBUNG __

KONKRET _____

FRÜHSTÜCK _____

MITTAGESSEN _____

ABENDESSEN _____

WETTER IST SONNIG __ REGEN __ WARM __ KALT __

MIT DEM WETTER WAR ICH ZUFRIEDEN __ UNZUFRIEDEN __

ICH FÜHLTE MICH GESUND __ KRANK __ STARK __ SCHWACH __

ES GING MIR GUT __ NICHT GUT __ WETTERFÜHLIG __

GEFROHREN __   Wetter:

KOPFSCHMERZEN __

_____

_____

ERLEBNISSE HEUTE _____

_____

_____

_____

ÄNGSTE: GESUNDHEIT __ GELD __ FAMILIE __ BERUF __

KONKRET _____

_____

MEIN TAG WAR POSITIV __ NEUTRAL __ NEGATIV __ SCHMERZEN __

KONKRET _____

_____

GLÜCKSMOMENTE _____

MEINE WÜNSCHE _____

WAS HABE ICH GELERNT _____

WAS KANN ICH VERBESSERN _____

_____

ICH FREUE MICH AUF EINEN NEUEN TAG _____

ICH BEDANKE MICH REAL ODER IM GEIST BEI _____

_____

DATUM _____ WOCHENTAG _____

AUFGESTANDEN UM _____ ZU BETT GEGANGEN UM _____

MEIN SCHLAF IST GUT __ UNRUHIG __ SCHMERZEN __ OFT WACH __

BLUTDRUCK IN mmHg _____ _____ _____

BLUTZUCKERWERT IN mg/dl _____ _____ _____

MEIN GEWICHT _____ MEIN WUNSCHGEWICHT _____

KAM POST? KEINE __ POSITIVE __ NEGATIVE __ WERBUNG __

KONKRET _____

FRÜHSTÜCK _____

MITTAGESSEN _____

ABENDESSEN _____

WETTER IST SONNIG __ REGEN __ WARM __ KALT __

MIT DEM WETTER WAR ICH ZUFRIEDEN __ UNZUFRIEDEN __

ICH FÜHLTE MICH GESUND __ KRANK __ STARK __ SCHWACH __

ES GING MIR GUT __ NICHT GUT __ WETTERFÜHLIG __

GEFROHREN __   Wetter:

KOPFSCHMERZEN __

_____

_____

ERLEBNISSE HEUTE _____

_____

_____

_____

ÄNGSTE: GESUNDHEIT __ GELD __ FAMILIE __ BERUF __

KONKRET _____

_____

MEIN TAG WAR POSITIV __ NEUTRAL __ NEGATIV __ SCHMERZEN __

KONKRET _____

_____

GLÜCKSMOMENTE _____

MEINE WÜNSCHE _____

WAS HABE ICH GELERNT _____

WAS KANN ICH VERBESSERN _____

_____

ICH FREUE MICH AUF EINEN NEUEN TAG _____

ICH BEDANKE MICH REAL ODER IM GEIST BEI _____

_____

DATUM _____ WOCHENTAG _____

AUFGESTANDEN UM _____ ZU BETT GEGANGEN UM _____

MEIN SCHLAF IST GUT __ UNRUHIG __ SCHMERZEN __ OFT WACH __

BLUTDRUCK IN mmHg _____ _____ _____

BLUTZUCKERWERT IN mg/dl _____ _____ _____

MEIN GEWICHT _____ MEIN WUNSCHGEWICHT _____

KAM POST? KEINE __ POSITIVE __ NEGATIVE __ WERBUNG __

KONKRET _____

FRÜHSTÜCK _____

MITTAGESSEN _____

ABENDESSEN _____

WETTER IST SONNIG __ REGEN __ WARM __ KALT __

MIT DEM WETTER WAR ICH ZUFRIEDEN __ UNZUFRIEDEN __

ICH FÜHLTE MICH GESUND __ KRANK __ STARK __ SCHWACH __

ES GING MIR GUT __ NICHT GUT __ WETTERFÜHLIG __

GEFROHREN __   Wetter:

KOPFSCHMERZEN __

_____

_____

ERLEBNISSE HEUTE _____

_____

_____

_____

ÄNGSTE: GESUNDHEIT __ GELD __ FAMILIE __ BERUF __

KONKRET _____

_____

MEIN TAG WAR POSITIV __ NEUTRAL __ NEGATIV __ SCHMERZEN __

KONKRET _____

_____

GLÜCKSMOMENTE _____

MEINE WÜNSCHE _____

WAS HABE ICH GELERNT _____

WAS KANN ICH VERBESSERN _____

_____

ICH FREUE MICH AUF EINEN NEUEN TAG _____

ICH BEDANKE MICH REAL ODER IM GEIST BEI _____

_____

DATUM _____ WOCHENTAG _____

AUFGESTANDEN UM _____ ZU BETT GEGANGEN UM _____

MEIN SCHLAF IST GUT __ UNRUHIG __ SCHMERZEN __ OFT WACH __

BLUTDRUCK IN mmHg _____ _____ _____

BLUTZUCKERWERT IN mg/dl _____ _____ _____

MEIN GEWICHT _____ MEIN WUNSCHGEWICHT _____

KAM POST? KEINE __ POSITIVE __ NEGATIVE __ WERBUNG __

KONKRET _____

FRÜHSTÜCK _____

MITTAGESSEN _____

ABENDESSEN _____

WETTER IST SONNIG __ REGEN __ WARM __ KALT __

MIT DEM WETTER WAR ICH ZUFRIEDEN __ UNZUFRIEDEN __

ICH FÜHLTE MICH GESUND __ KRANK __ STARK __ SCHWACH __

ES GING MIR GUT __ NICHT GUT __ WETTERFÜHLIG __

GEFROHREN __   Wetter:

KOPFSCHMERZEN __

_____

_____

ERLEBNISSE HEUTE _____

_____

_____

ÄNGSTE: GESUNDHEIT __ GELD __ FAMILIE __ BERUF __

KONKRET _____

MEIN TAG WAR POSITIV __ NEUTRAL __ NEGATIV __ SCHMERZEN __

KONKRET _____

GLÜCKSMOMENTE _____

MEINE WÜNSCHE _____

WAS HABE ICH GELERNT _____

WAS KANN ICH VERBESSERN _____

ICH FREUE MICH AUF EINEN NEUEN TAG _____

ICH BEDANKE MICH REAL ODER IM GEIST BEI _____

_____

DATUM _____ WOCHENTAG _____

AUFGESTANDEN UM _____ ZU BETT GEGANGEN UM _____

MEIN SCHLAF IST GUT __ UNRUHIG __ SCHMERZEN __ OFT WACH __

BLUTDRUCK IN mmHg _____ _____ _____

BLUTZUCKERWERT IN mg/dl _____ _____ _____

MEIN GEWICHT _____ MEIN WUNSCHGEWICHT _____

KAM POST? KEINE __ POSITIVE __ NEGATIVE __ WERBUNG __

KONKRET _____

FRÜHSTÜCK _____

MITTAGESSEN _____

ABENDESSEN _____

WETTER IST SONNIG __ REGEN __ WARM __ KALT __

MIT DEM WETTER WAR ICH ZUFRIEDEN __ UNZUFRIEDEN __

ICH FÜHLTE MICH GESUND __ KRANK __ STARK __ SCHWACH __

ES GING MIR GUT __ NICHT GUT __ WETTERFÜHLIG __

GEFROHREN __   Wetter:

KOPFSCHMERZEN __

_____

_____

ERLEBNISSE HEUTE _____

_____

_____

ÄNGSTE: GESUNDHEIT __ GELD __ FAMILIE __ BERUF __

KONKRET _____

MEIN TAG WAR POSITIV __ NEUTRAL __ NEGATIV __ SCHMERZEN __

KONKRET _____

GLÜCKSMOMENTE _____

MEINE WÜNSCHE _____

WAS HABE ICH GELERNT _____

WAS KANN ICH VERBESSERN _____

ICH FREUE MICH AUF EINEN NEUEN TAG _____

ICH BEDANKE MICH REAL ODER IM GEIST BEI _____

_____

DATUM _____ WOCHENTAG _____

AUFGESTANDEN UM _____ ZU BETT GEGANGEN UM _____

MEIN SCHLAF IST GUT __ UNRUHIG __ SCHMERZEN __ OFT WACH __

BLUTDRUCK IN mmHg _____ _____ _____

BLUTZUCKERWERT IN mg/dl _____ _____ _____

MEIN GEWICHT _____ MEIN WUNSCHGEWICHT _____

KAM POST? KEINE __ POSITIVE __ NEGATIVE __ WERBUNG __

KONKRET _____

FRÜHSTÜCK _____

MITTAGESSEN _____

ABENDESSEN _____

WETTER IST SONNIG __ REGEN __ WARM __ KALT __

MIT DEM WETTER WAR ICH ZUFRIEDEN __ UNZUFRIEDEN __

ICH FÜHLTE MICH GESUND __ KRANK __ STARK __ SCHWACH __

ES GING MIR GUT __ NICHT GUT __ WETTERFÜHLIG __

GEFROHREN __   Wetter:

KOPFSCHMERZEN __

_____

_____

ERLEBNISSE HEUTE _____

_____

_____

ÄNGSTE: GESUNDHEIT __ GELD __ FAMILIE __ BERUF __

KONKRET _____

MEIN TAG WAR POSITIV __ NEUTRAL __ NEGATIV __ SCHMERZEN __

KONKRET _____

GLÜCKSMOMENTE _____

MEINE WÜNSCHE _____

WAS HABE ICH GELERNT _____

WAS KANN ICH VERBESSERN _____

ICH FREUE MICH AUF EINEN NEUEN TAG _____

ICH BEDANKE MICH REAL ODER IM GEIST BEI _____

_____

DATUM _____ WOCHENTAG _____

AUFGESTANDEN UM _____ ZU BETT GEGANGEN UM _____

MEIN SCHLAF IST GUT __ UNRUHIG __ SCHMERZEN __ OFT WACH __

BLUTDRUCK IN mmHg _____ _____ _____

BLUTZUCKERWERT IN mg/dl _____ _____ _____

MEIN GEWICHT _____ MEIN WUNSCHGEWICHT _____

KAM POST? KEINE __ POSITIVE __ NEGATIVE __ WERBUNG __

KONKRET _____

FRÜHSTÜCK _____

MITTAGESSEN _____

ABENDESSEN _____

WETTER IST SONNIG __ REGEN __ WARM __ KALT __

MIT DEM WETTER WAR ICH ZUFRIEDEN __ UNZUFRIEDEN __

ICH FÜHLTE MICH GESUND __ KRANK __ STARK __ SCHWACH __

ES GING MIR GUT __ NICHT GUT __ WETTERFÜHLIG __

GEFROHREN __   Wetter:

__ KOPFSCHMERZEN __

_____

_____

ERLEBNISSE HEUTE _____

_____

_____

_____

ÄNGSTE: GESUNDHEIT __ GELD __ FAMILIE __ BERUF __

KONKRET _____

_____

MEIN TAG WAR POSITIV __ NEUTRAL __ NEGATIV __ SCHMERZEN __

KONKRET _____

_____

GLÜCKSMOMENTE _____

MEINE WÜNSCHE _____

WAS HABE ICH GELERNT _____

WAS KANN ICH VERBESSERN _____

_____

ICH FREUE MICH AUF EINEN NEUEN TAG _____

ICH BEDANKE MICH REAL ODER IM GEIST BEI _____

_____

DATUM _____ WOCHENTAG _____

AUFGESTANDEN UM _____ ZU BETT GEGANGEN UM _____

MEIN SCHLAF IST GUT __ UNRUHIG __ SCHMERZEN __ OFT WACH __

BLUTDRUCK IN mmHg _____ _____ _____

BLUTZUCKERWERT IN mg/dl _____ _____ _____

MEIN GEWICHT _____ MEIN WUNSCHGEWICHT _____

KAM POST? KEINE __ POSITIVE __ NEGATIVE __ WERBUNG __

KONKRET _____

FRÜHSTÜCK _____

MITTAGESSEN _____

ABENDESSEN _____

WETTER IST SONNIG __ REGEN __ WARM __ KALT __

MIT DEM WETTER WAR ICH ZUFRIEDEN __ UNZUFRIEDEN __

ICH FÜHLTE MICH GESUND __ KRANK __ STARK __ SCHWACH __

ES GING MIR GUT __ NICHT GUT __ WETTERFÜHLIG __

GEFROHREN __   Wetter:

KOPFSCHMERZEN __

_____

_____

ERLEBNISSE HEUTE _____

_____

_____

_____

ÄNGSTE: GESUNDHEIT __ GELD __ FAMILIE __ BERUF __

KONKRET _____

_____

MEIN TAG WAR POSITIV __ NEUTRAL __ NEGATIV __ SCHMERZEN __

KONKRET _____

_____

GLÜCKSMOMENTE _____

MEINE WÜNSCHE _____

WAS HABE ICH GELERNT _____

WAS KANN ICH VERBESSERN _____

_____

ICH FREUE MICH AUF EINEN NEUEN TAG _____

ICH BEDANKE MICH REAL ODER IM GEIST BEI _____

_____

Nun sind 2 Monate vergangen. Gibt es Fortschritte?
Wer an Diabetes leidet, kann wirklich durch eine Essensumstellung den
Blutzuckerwert reduzieren. Wer übergewichtig ist wird sich besser bewegen
können und besser schlafen. Etwas anderes ist es, wer an dem Restless-
Legs-Syndrom leidet. Das ist eine ganz andere Geschichte und extrem
belastend, gerade in der Nacht. 16 Stunden nichts essen und 8 Stunden
etwas essen reinigt die Leber und es kann Gramm für Gramm abgenommen
werden. Wir wollen niemanden ins Gewissen reden, wer rauchen will oder
Alkohol trinken möchte, tut es. Wir machen lediglich darauf aufmerksam,
dass es Ihr Leben und Ihre Zeit ist. Alles ist kostbar und einige Dinge
verkürzen eben das Leben.
Woran erinnern Sie sich besonders? Gab es Glücksmomente?
Gab es Spaziergänge? Gab es Kontakte?

_____

_____

_____

_____

_____

_____

_____

_____

_____

_____

_____

DATUM _____ WOCHENTAG _____
AUFGESTANDEN UM _____ ZU BETT GEGANGEN UM _____
MEIN SCHLAF IST GUT __ UNRUHIG __ SCHMERZEN __ OFT WACH __
BLUTDRUCK IN mmHg _____ _____ _____
BLUTZUCKERWERT IN mg/dl _____ _____ _____
MEIN GEWICHT _____ MEIN WUNSCHGEWICHT _____
KAM POST? KEINE __ POSITIVE __ NEGATIVE __ WERBUNG __
KONKRET _____
FRÜHSTÜCK _____
MITTAGESSEN _____
ABENDESSEN _____
WETTER IST SONNIG __ REGEN __ WARM __ KALT __
MIT DEM WETTER WAR ICH ZUFRIEDEN __ UNZUFRIEDEN __
ICH FÜHLTE MICH GESUND __ KRANK __ STARK __ SCHWACH __
ES GING MIR GUT __ NICHT GUT __ WETTERFÜHLIG __
GEFROHREN __   Wetter:
KOPFSCHMERZEN __

_____

_____

ERLEBNISSE HEUTE _____
_____
_____
_____
ÄNGSTE: GESUNDHEIT __ GELD __ FAMILIE __ BERUF __
KONKRET _____
_____
MEIN TAG WAR POSITIV __ NEUTRAL __ NEGATIV __ SCHMERZEN __
KONKRET _____
_____
GLÜCKSMOMENTE _____
MEINE WÜNSCHE _____
WAS HABE ICH GELERNT _____
WAS KANN ICH VERBESSERN _____
_____
ICH FREUE MICH AUF EINEN NEUEN TAG _____
ICH BEDANKE MICH REAL ODER IM GEIST BEI _____

_____

DATUM _____ WOCHENTAG _____

AUFGESTANDEN UM _____ ZU BETT GEGANGEN UM _____

MEIN SCHLAF IST GUT __ UNRUHIG __ SCHMERZEN __ OFT WACH __

BLUTDRUCK IN mmHg _____ _____ _____

BLUTZUCKERWERT IN mg/dl _____ _____ _____

MEIN GEWICHT _____ MEIN WUNSCHGEWICHT _____

KAM POST? KEINE __ POSITIVE __ NEGATIVE __ WERBUNG __

KONKRET _____

FRÜHSTÜCK _____

MITTAGESSEN _____

ABENDESSEN _____

WETTER IST SONNIG __ REGEN __ WARM __ KALT __

MIT DEM WETTER WAR ICH ZUFRIEDEN __ UNZUFRIEDEN __

ICH FÜHLTE MICH GESUND __ KRANK __ STARK __ SCHWACH __

ES GING MIR GUT __ NICHT GUT __ WETTERFÜHLIG __

GEFROHREN __   Wetter:

KOPFSCHMERZEN __

_____

_____

ERLEBNISSE HEUTE _____

_____

_____

_____

ÄNGSTE: GESUNDHEIT __ GELD __ FAMILIE __ BERUF __

KONKRET _____

_____

MEIN TAG WAR POSITIV __ NEUTRAL __ NEGATIV __ SCHMERZEN __

KONKRET _____

_____

GLÜCKSMOMENTE _____

MEINE WÜNSCHE _____

WAS HABE ICH GELERNT _____

WAS KANN ICH VERBESSERN _____

_____

ICH FREUE MICH AUF EINEN NEUEN TAG _____

ICH BEDANKE MICH REAL ODER IM GEIST BEI _____

_____

DATUM _____ WOCHENTAG _____

AUFGESTANDEN UM _____ ZU BETT GEGANGEN UM _____

MEIN SCHLAF IST GUT __ UNRUHIG __ SCHMERZEN __ OFT WACH __

BLUTDRUCK IN mmHg _____ _____ _____

BLUTZUCKERWERT IN mg/dl _____ _____ _____

MEIN GEWICHT _____ MEIN WUNSCHGEWICHT _____

KAM POST? KEINE __ POSITIVE __ NEGATIVE __ WERBUNG __

KONKRET _____

FRÜHSTÜCK _____

MITTAGESSEN _____

ABENDESSEN _____

WETTER IST SONNIG __ REGEN __ WARM __ KALT __

MIT DEM WETTER WAR ICH ZUFRIEDEN __ UNZUFRIEDEN __

ICH FÜHLTE MICH GESUND __ KRANK __ STARK __ SCHWACH __

ES GING MIR GUT __ NICHT GUT __ WETTERFÜHLIG __

GEFROHREN __   Wetter:

KOPFSCHMERZEN __

_____

_____

ERLEBNISSE HEUTE _____

_____

_____

_____

ÄNGSTE: GESUNDHEIT __ GELD __ FAMILIE __ BERUF __

KONKRET _____

_____

MEIN TAG WAR POSITIV __ NEUTRAL __ NEGATIV __ SCHMERZEN __

KONKRET _____

_____

GLÜCKSMOMENTE _____

MEINE WÜNSCHE _____

WAS HABE ICH GELERNT _____

WAS KANN ICH VERBESSERN _____

_____

ICH FREUE MICH AUF EINEN NEUEN TAG _____

ICH BEDANKE MICH REAL ODER IM GEIST BEI _____

_____

DATUM _____ WOCHENTAG _____

AUFGESTANDEN UM _____ ZU BETT GEGANGEN UM _____

MEIN SCHLAF IST GUT __ UNRUHIG __ SCHMERZEN __ OFT WACH __

BLUTDRUCK IN mmHg _____ _____ _____

BLUTZUCKERWERT IN mg/dl _____ _____ _____

MEIN GEWICHT _____ MEIN WUNSCHGEWICHT _____

KAM POST? KEINE __ POSITIVE __ NEGATIVE __ WERBUNG __

KONKRET _____

FRÜHSTÜCK _____

MITTAGESSEN _____

ABENDESSEN _____

WETTER IST SONNIG __ REGEN __ WARM __ KALT __

MIT DEM WETTER WAR ICH ZUFRIEDEN __ UNZUFRIEDEN __

ICH FÜHLTE MICH GESUND __ KRANK __ STARK __ SCHWACH __

ES GING MIR GUT __ NICHT GUT __ WETTERFÜHLIG __

GEFROHREN __   Wetter:

KOPFSCHMERZEN __

_____

_____

ERLEBNISSE HEUTE _____

_____

_____

ÄNGSTE: GESUNDHEIT __ GELD __ FAMILIE __ BERUF __

KONKRET _____

MEIN TAG WAR POSITIV __ NEUTRAL __ NEGATIV __ SCHMERZEN __

KONKRET _____

GLÜCKSMOMENTE _____

MEINE WÜNSCHE _____

WAS HABE ICH GELERNT _____

WAS KANN ICH VERBESSERN _____

ICH FREUE MICH AUF EINEN NEUEN TAG _____

ICH BEDANKE MICH REAL ODER IM GEIST BEI _____

_____

DATUM _____ WOCHENTAG _____
AUFGESTANDEN UM _____ ZU BETT GEGANGEN UM _____
MEIN SCHLAF IST GUT __ UNRUHIG __ SCHMERZEN __ OFT WACH __
BLUTDRUCK IN mmHg _____ _____ _____
BLUTZUCKERWERT IN mg/dl _____ _____ _____
MEIN GEWICHT _____ MEIN WUNSCHGEWICHT _____
KAM POST? KEINE __ POSITIVE __ NEGATIVE __ WERBUNG __
KONKRET _____
FRÜHSTÜCK _____
MITTAGESSEN _____
ABENDESSEN _____
WETTER IST SONNIG __ REGEN __ WARM __ KALT __
MIT DEM WETTER WAR ICH ZUFRIEDEN __ UNZUFRIEDEN __
ICH FÜHLTE MICH GESUND __ KRANK __ STARK __ SCHWACH __
ES GING MIR GUT __ NICHT GUT __ WETTERFÜHLIG __
GEFROHREN __   Wetter:
KOPFSCHMERZEN __
_____
_____

ERLEBNISSE HEUTE _____
_____
_____
_____

ÄNGSTE: GESUNDHEIT __ GELD __ FAMILIE __ BERUF __
KONKRET _____
_____

MEIN TAG WAR POSITIV __ NEUTRAL __ NEGATIV __ SCHMERZEN __
KONKRET _____
_____

GLÜCKSMOMENTE _____
MEINE WÜNSCHE _____
WAS HABE ICH GELERNT _____
WAS KANN ICH VERBESSERN _____
_____

ICH FREUE MICH AUF EINEN NEUEN TAG _____
ICH BEDANKE MICH REAL ODER IM GEIST BEI _____
_____

DATUM _____ WOCHENTAG _____

AUFGESTANDEN UM _____ ZU BETT GEGANGEN UM _____

MEIN SCHLAF IST GUT __ UNRUHIG __ SCHMERZEN __ OFT WACH __

BLUTDRUCK IN mmHg _____ _____ _____

BLUTZUCKERWERT IN mg/dl _____ _____ _____

MEIN GEWICHT _____ MEIN WUNSCHGEWICHT _____

KAM POST? KEINE __ POSITIVE __ NEGATIVE __ WERBUNG __

KONKRET _____

FRÜHSTÜCK _____

MITTAGESSEN _____

ABENDESSEN _____

WETTER IST SONNIG __ REGEN __ WARM __ KALT __

MIT DEM WETTER WAR ICH ZUFRIEDEN __ UNZUFRIEDEN __

ICH FÜHLTE MICH GESUND __ KRANK __ STARK __ SCHWACH __

ES GING MIR GUT __ NICHT GUT __ WETTERFÜHLIG __

GEFROHREN __   Wetter:

KOPFSCHMERZEN __

_____

_____

ERLEBNISSE HEUTE _____

_____

_____

_____

ÄNGSTE: GESUNDHEIT __ GELD __ FAMILIE __ BERUF __

KONKRET _____

_____

MEIN TAG WAR POSITIV __ NEUTRAL __ NEGATIV __ SCHMERZEN __

KONKRET _____

_____

GLÜCKSMOMENTE _____

MEINE WÜNSCHE _____

WAS HABE ICH GELERNT _____

WAS KANN ICH VERBESSERN _____

_____

ICH FREUE MICH AUF EINEN NEUEN TAG _____

ICH BEDANKE MICH REAL ODER IM GEIST BEI _____

_____

DATUM _____ WOCHENTAG _____

AUFGESTANDEN UM _____ ZU BETT GEGANGEN UM _____

MEIN SCHLAF IST GUT __ UNRUHIG __ SCHMERZEN __ OFT WACH __

BLUTDRUCK IN mmHg _____ _____ _____

BLUTZUCKERWERT IN mg/dl _____ _____ _____

MEIN GEWICHT _____ MEIN WUNSCHGEWICHT _____

KAM POST? KEINE __ POSITIVE __ NEGATIVE __ WERBUNG __

KONKRET _____

FRÜHSTÜCK _____

MITTAGESSEN _____

ABENDESSEN _____

WETTER IST SONNIG __ REGEN __ WARM __ KALT __

MIT DEM WETTER WAR ICH ZUFRIEDEN __ UNZUFRIEDEN __

ICH FÜHLTE MICH GESUND __ KRANK __ STARK __ SCHWACH __

ES GING MIR GUT __ NICHT GUT __ WETTERFÜHLIG __

GEFROHREN __   Wetter:

KOPFSCHMERZEN __

_____

_____

ERLEBNISSE HEUTE _____

_____

_____

_____

ÄNGSTE: GESUNDHEIT __ GELD __ FAMILIE __ BERUF __

KONKRET _____

_____

MEIN TAG WAR POSITIV __ NEUTRAL __ NEGATIV __ SCHMERZEN __

KONKRET _____

_____

GLÜCKSMOMENTE _____

MEINE WÜNSCHE _____

WAS HABE ICH GELERNT _____

WAS KANN ICH VERBESSERN _____

_____

ICH FREUE MICH AUF EINEN NEUEN TAG _____

ICH BEDANKE MICH REAL ODER IM GEIST BEI _____

_____

DATUM _____ WOCHENTAG _____

AUFGESTANDEN UM _____ ZU BETT GEGANGEN UM _____

MEIN SCHLAF IST GUT __ UNRUHIG __ SCHMERZEN __ OFT WACH __

BLUTDRUCK IN mmHg _____ _____ _____

BLUTZUCKERWERT IN mg/dl _____ _____ _____

MEIN GEWICHT _____ MEIN WUNSCHGEWICHT _____

KAM POST? KEINE __ POSITIVE __ NEGATIVE __ WERBUNG __

KONKRET _____

FRÜHSTÜCK _____

MITTAGESSEN _____

ABENDESSEN _____

WETTER IST SONNIG __ REGEN __ WARM __ KALT __

MIT DEM WETTER WAR ICH ZUFRIEDEN __ UNZUFRIEDEN __

ICH FÜHLTE MICH GESUND __ KRANK __ STARK __ SCHWACH __

ES GING MIR GUT __ NICHT GUT __ WETTERFÜHLIG __

GEFROHREN __   Wetter:

KOPFSCHMERZEN __

_____

_____

ERLEBNISSE HEUTE _____

_____

_____

ÄNGSTE: GESUNDHEIT __ GELD __ FAMILIE __ BERUF __

KONKRET _____

MEIN TAG WAR POSITIV __ NEUTRAL __ NEGATIV __ SCHMERZEN __

KONKRET _____

GLÜCKSMOMENTE _____

MEINE WÜNSCHE _____

WAS HABE ICH GELERNT _____

WAS KANN ICH VERBESSERN _____

ICH FREUE MICH AUF EINEN NEUEN TAG _____

ICH BEDANKE MICH REAL ODER IM GEIST BEI _____

_____

DATUM _____ WOCHENTAG _____

AUFGESTANDEN UM _____ ZU BETT GEGANGEN UM _____

MEIN SCHLAF IST GUT __ UNRUHIG __ SCHMERZEN __ OFT WACH __

BLUTDRUCK IN mmHg _____ _____ _____

BLUTZUCKERWERT IN mg/dl _____ _____ _____

MEIN GEWICHT _____ MEIN WUNSCHGEWICHT _____

KAM POST? KEINE __ POSITIVE __ NEGATIVE __ WERBUNG __

KONKRET _____

FRÜHSTÜCK _____

MITTAGESSEN _____

ABENDESSEN _____

WETTER IST SONNIG __ REGEN __ WARM __ KALT __

MIT DEM WETTER WAR ICH ZUFRIEDEN __ UNZUFRIEDEN __

ICH FÜHLTE MICH GESUND __ KRANK __ STARK __ SCHWACH __

ES GING MIR GUT __ NICHT GUT __ WETTERFÜHLIG __

GEFROHREN __   Wetter:

KOPFSCHMERZEN __

_____

_____

ERLEBNISSE HEUTE _____

_____

_____

_____

ÄNGSTE: GESUNDHEIT __ GELD __ FAMILIE __ BERUF __

KONKRET _____

_____

MEIN TAG WAR POSITIV __ NEUTRAL __ NEGATIV __ SCHMERZEN __

KONKRET _____

_____

GLÜCKSMOMENTE _____

MEINE WÜNSCHE _____

WAS HABE ICH GELERNT _____

WAS KANN ICH VERBESSERN _____

_____

ICH FREUE MICH AUF EINEN NEUEN TAG _____

ICH BEDANKE MICH REAL ODER IM GEIST BEI _____

_____

DATUM _____ WOCHENTAG _____

AUFGESTANDEN UM _____ ZU BETT GEGANGEN UM _____

MEIN SCHLAF IST GUT __ UNRUHIG __ SCHMERZEN __ OFT WACH __

BLUTDRUCK IN mmHg _____ _____ _____

BLUTZUCKERWERT IN mg/dl _____ _____ _____

MEIN GEWICHT _____ MEIN WUNSCHGEWICHT _____

KAM POST? KEINE __ POSITIVE __ NEGATIVE __ WERBUNG __

KONKRET _____

FRÜHSTÜCK _____

MITTAGESSEN _____

ABENDESSEN _____

WETTER IST SONNIG __ REGEN __ WARM __ KALT __

MIT DEM WETTER WAR ICH ZUFRIEDEN __ UNZUFRIEDEN __

ICH FÜHLTE MICH GESUND __ KRANK __ STARK __ SCHWACH __

ES GING MIR GUT __ NICHT GUT __ WETTERFÜHLIG __

GEFROHREN __   Wetter:

KOPFSCHMERZEN __

_____

_____

ERLEBNISSE HEUTE _____

_____

_____

_____

ÄNGSTE: GESUNDHEIT __ GELD __ FAMILIE __ BERUF __

KONKRET _____

_____

MEIN TAG WAR POSITIV __ NEUTRAL __ NEGATIV __ SCHMERZEN __

KONKRET _____

_____

GLÜCKSMOMENTE _____

MEINE WÜNSCHE _____

WAS HABE ICH GELERNT _____

WAS KANN ICH VERBESSERN _____

_____

ICH FREUE MICH AUF EINEN NEUEN TAG _____

ICH BEDANKE MICH REAL ODER IM GEIST BEI _____

_____

DATUM _____ WOCHENTAG _____

AUFGESTANDEN UM _____ ZU BETT GEGANGEN UM _____

MEIN SCHLAF IST GUT __ UNRUHIG __ SCHMERZEN __ OFT WACH __

BLUTDRUCK IN mmHg _____ _____ _____

BLUTZUCKERWERT IN mg/dl _____ _____ _____

MEIN GEWICHT _____ MEIN WUNSCHGEWICHT _____

KAM POST? KEINE __ POSITIVE __ NEGATIVE __ WERBUNG __

KONKRET _____

FRÜHSTÜCK _____

MITTAGESSEN _____

ABENDESSEN _____

WETTER IST SONNIG __ REGEN __ WARM __ KALT __

MIT DEM WETTER WAR ICH ZUFRIEDEN __ UNZUFRIEDEN __

ICH FÜHLTE MICH GESUND __ KRANK __ STARK __ SCHWACH __

ES GING MIR GUT __ NICHT GUT __ WETTERFÜHLIG __

GEFROHREN __   Wetter:

KOPFSCHMERZEN __

_____

_____

ERLEBNISSE HEUTE _____

_____

_____

_____

ÄNGSTE: GESUNDHEIT __ GELD __ FAMILIE __ BERUF __

KONKRET _____

_____

MEIN TAG WAR POSITIV __ NEUTRAL __ NEGATIV __ SCHMERZEN __

KONKRET _____

_____

GLÜCKSMOMENTE _____

MEINE WÜNSCHE _____

WAS HABE ICH GELERNT _____

WAS KANN ICH VERBESSERN _____

_____

ICH FREUE MICH AUF EINEN NEUEN TAG _____

ICH BEDANKE MICH REAL ODER IM GEIST BEI _____

_____

DATUM _____ WOCHENTAG _____

AUFGESTANDEN UM _____ ZU BETT GEGANGEN UM _____

MEIN SCHLAF IST GUT __ UNRUHIG __ SCHMERZEN __ OFT WACH __

BLUTDRUCK IN mmHg _____ _____ _____

BLUTZUCKERWERT IN mg/dl _____ _____ _____

MEIN GEWICHT _____ MEIN WUNSCHGEWICHT _____

KAM POST? KEINE __ POSITIVE __ NEGATIVE __ WERBUNG __

KONKRET _____

FRÜHSTÜCK _____

MITTAGESSEN _____

ABENDESSEN _____

WETTER IST SONNIG __ REGEN __ WARM __ KALT __

MIT DEM WETTER WAR ICH ZUFRIEDEN __ UNZUFRIEDEN __

ICH FÜHLTE MICH GESUND __ KRANK __ STARK __ SCHWACH __

ES GING MIR GUT __ NICHT GUT __ WETTERFÜHLIG __

GEFROHREN __   Wetter:

KOPFSCHMERZEN __

_____

_____

ERLEBNISSE HEUTE _____

_____

_____

ÄNGSTE: GESUNDHEIT __ GELD __ FAMILIE __ BERUF __

KONKRET _____

MEIN TAG WAR POSITIV __ NEUTRAL __ NEGATIV __ SCHMERZEN __

KONKRET _____

GLÜCKSMOMENTE _____

MEINE WÜNSCHE _____

WAS HABE ICH GELERNT _____

WAS KANN ICH VERBESSERN _____

ICH FREUE MICH AUF EINEN NEUEN TAG _____

ICH BEDANKE MICH REAL ODER IM GEIST BEI _____

_____

DATUM _____ WOCHENTAG _____

AUFGESTANDEN UM _____ ZU BETT GEGANGEN UM _____

MEIN SCHLAF IST GUT __ UNRUHIG __ SCHMERZEN __ OFT WACH __

BLUTDRUCK IN mmHg _____ _____ _____

BLUTZUCKERWERT IN mg/dl _____ _____ _____

MEIN GEWICHT _____ MEIN WUNSCHGEWICHT _____

KAM POST? KEINE __ POSITIVE __ NEGATIVE __ WERBUNG __

KONKRET _____

FRÜHSTÜCK _____

MITTAGESSEN _____

ABENDESSEN _____

WETTER IST SONNIG __ REGEN __ WARM __ KALT __

MIT DEM WETTER WAR ICH ZUFRIEDEN __ UNZUFRIEDEN __

ICH FÜHLTE MICH GESUND __ KRANK __ STARK __ SCHWACH __

ES GING MIR GUT __ NICHT GUT __ WETTERFÜHLIG __

GEFROHREN __   Wetter:

KOPFSCHMERZEN __

_____

_____

ERLEBNISSE HEUTE _____

_____

_____

_____

ÄNGSTE: GESUNDHEIT __ GELD __ FAMILIE __ BERUF __

KONKRET _____

_____

MEIN TAG WAR POSITIV __ NEUTRAL __ NEGATIV __ SCHMERZEN __

KONKRET _____

_____

GLÜCKSMOMENTE _____

MEINE WÜNSCHE _____

WAS HABE ICH GELERNT _____

WAS KANN ICH VERBESSERN _____

_____

ICH FREUE MICH AUF EINEN NEUEN TAG _____

ICH BEDANKE MICH REAL ODER IM GEIST BEI _____

_____

DATUM _____ WOCHENTAG _____

AUFGESTANDEN UM _____ ZU BETT GEGANGEN UM _____

MEIN SCHLAF IST GUT __ UNRUHIG __ SCHMERZEN __ OFT WACH __

BLUTDRUCK IN mmHg _____ _____ _____

BLUTZUCKERWERT IN mg/dl _____ _____ _____

MEIN GEWICHT _____ MEIN WUNSCHGEWICHT _____

KAM POST? KEINE __ POSITIVE __ NEGATIVE __ WERBUNG __

KONKRET _____

FRÜHSTÜCK _____

MITTAGESSEN _____

ABENDESSEN _____

WETTER IST SONNIG __ REGEN __ WARM __ KALT __

MIT DEM WETTER WAR ICH ZUFRIEDEN __ UNZUFRIEDEN __

ICH FÜHLTE MICH GESUND __ KRANK __ STARK __ SCHWACH __

ES GING MIR GUT __ NICHT GUT __ WETTERFÜHLIG __

GEFROHREN __   Wetter:

KOPFSCHMERZEN __

_____

_____

ERLEBNISSE HEUTE _____

_____

_____

_____

ÄNGSTE: GESUNDHEIT __ GELD __ FAMILIE __ BERUF __

KONKRET _____

_____

MEIN TAG WAR POSITIV __ NEUTRAL __ NEGATIV __ SCHMERZEN __

KONKRET _____

_____

GLÜCKSMOMENTE _____

MEINE WÜNSCHE _____

WAS HABE ICH GELERNT _____

WAS KANN ICH VERBESSERN _____

_____

ICH FREUE MICH AUF EINEN NEUEN TAG _____

ICH BEDANKE MICH REAL ODER IM GEIST BEI _____

_____

DATUM _____ WOCHENTAG _____

AUFGESTANDEN UM _____ ZU BETT GEGANGEN UM _____

MEIN SCHLAF IST GUT __ UNRUHIG __ SCHMERZEN __ OFT WACH __

BLUTDRUCK IN mmHg _____ _____ _____

BLUTZUCKERWERT IN mg/dl _____ _____ _____

MEIN GEWICHT _____ MEIN WUNSCHGEWICHT _____

KAM POST? KEINE __ POSITIVE __ NEGATIVE __ WERBUNG __

KONKRET _____

FRÜHSTÜCK _____

MITTAGESSEN _____

ABENDESSEN _____

WETTER IST SONNIG __ REGEN __ WARM __ KALT __

MIT DEM WETTER WAR ICH ZUFRIEDEN __ UNZUFRIEDEN __

ICH FÜHLTE MICH GESUND __ KRANK __ STARK __ SCHWACH __

ES GING MIR GUT __ NICHT GUT __ WETTERFÜHLIG __

GEFROHREN __   Wetter:

__ KOPFSCHMERZEN __

_____

_____

ERLEBNISSE HEUTE _____

_____

_____

_____

ÄNGSTE: GESUNDHEIT __ GELD __ FAMILIE __ BERUF __

KONKRET _____

_____

MEIN TAG WAR POSITIV __ NEUTRAL __ NEGATIV __ SCHMERZEN __

KONKRET _____

_____

GLÜCKSMOMENTE _____

MEINE WÜNSCHE _____

WAS HABE ICH GELERNT _____

WAS KANN ICH VERBESSERN _____

_____

ICH FREUE MICH AUF EINEN NEUEN TAG _____

ICH BEDANKE MICH REAL ODER IM GEIST BEI _____

_____

DATUM _____ WOCHENTAG _____

AUFGESTANDEN UM _____ ZU BETT GEGANGEN UM _____

MEIN SCHLAF IST GUT __ UNRUHIG __ SCHMERZEN __ OFT WACH __

BLUTDRUCK IN mmHg _____ _____ _____

BLUTZUCKERWERT IN mg/dl _____ _____ _____

MEIN GEWICHT _____ MEIN WUNSCHGEWICHT _____

KAM POST? KEINE __ POSITIVE __ NEGATIVE __ WERBUNG __

KONKRET _____

FRÜHSTÜCK _____

MITTAGESSEN _____

ABENDESSEN _____

WETTER IST SONNIG __ REGEN __ WARM __ KALT __

MIT DEM WETTER WAR ICH ZUFRIEDEN __ UNZUFRIEDEN __

ICH FÜHLTE MICH GESUND __ KRANK __ STARK __ SCHWACH __

ES GING MIR GUT __ NICHT GUT __ WETTERFÜHLIG __

GEFROHREN __ Wetter:

KOPFSCHMERZEN __

_____

_____

ERLEBNISSE HEUTE _____

_____

_____

ÄNGSTE: GESUNDHEIT __ GELD __ FAMILIE __ BERUF __

KONKRET _____

MEIN TAG WAR POSITIV __ NEUTRAL __ NEGATIV __ SCHMERZEN __

KONKRET _____

GLÜCKSMOMENTE _____

MEINE WÜNSCHE _____

WAS HABE ICH GELERNT _____

WAS KANN ICH VERBESSERN _____

ICH FREUE MICH AUF EINEN NEUEN TAG _____

ICH BEDANKE MICH REAL ODER IM GEIST BEI _____

_____

DATUM _____ WOCHENTAG _____

AUFGESTANDEN UM _____ ZU BETT GEGANGEN UM _____

MEIN SCHLAF IST GUT __ UNRUHIG __ SCHMERZEN __ OFT WACH __

BLUTDRUCK IN mmHg _____ _____ _____

BLUTZUCKERWERT IN mg/dl _____ _____ _____

MEIN GEWICHT _____ MEIN WUNSCHGEWICHT _____

KAM POST? KEINE __ POSITIVE __ NEGATIVE __ WERBUNG __

KONKRET _____

FRÜHSTÜCK _____

MITTAGESSEN _____

ABENDESSEN _____

WETTER IST SONNIG __ REGEN __ WARM __ KALT __

MIT DEM WETTER WAR ICH ZUFRIEDEN __ UNZUFRIEDEN __

ICH FÜHLTE MICH GESUND __ KRANK __ STARK __ SCHWACH __

ES GING MIR GUT __ NICHT GUT __ WETTERFÜHLIG __

GEFROHREN __   Wetter:

KOPFSCHMERZEN __

_____

_____

ERLEBNISSE HEUTE _____

_____

_____

ÄNGSTE: GESUNDHEIT __ GELD __ FAMILIE __ BERUF __

KONKRET _____

MEIN TAG WAR POSITIV __ NEUTRAL __ NEGATIV __ SCHMERZEN __

KONKRET _____

GLÜCKSMOMENTE _____

MEINE WÜNSCHE _____

WAS HABE ICH GELERNT _____

WAS KANN ICH VERBESSERN _____

ICH FREUE MICH AUF EINEN NEUEN TAG _____

ICH BEDANKE MICH REAL ODER IM GEIST BEI _____

_____

DATUM _____ WOCHENTAG _____

AUFGESTANDEN UM _____ ZU BETT GEGANGEN UM _____

MEIN SCHLAF IST GUT __ UNRUHIG __ SCHMERZEN __ OFT WACH __

BLUTDRUCK IN mmHg _____ _____ _____

BLUTZUCKERWERT IN mg/dl _____ _____ _____

MEIN GEWICHT _____ MEIN WUNSCHGEWICHT _____

KAM POST? KEINE __ POSITIVE __ NEGATIVE __ WERBUNG __

KONKRET _____

FRÜHSTÜCK _____

MITTAGESSEN _____

ABENDESSEN _____

WETTER IST SONNIG __ REGEN __ WARM __ KALT __

MIT DEM WETTER WAR ICH ZUFRIEDEN __ UNZUFRIEDEN __

ICH FÜHLTE MICH GESUND __ KRANK __ STARK __ SCHWACH __

ES GING MIR GUT __ NICHT GUT __ WETTERFÜHLIG __

GEFROHREN __   Wetter:

KOPFSCHMERZEN __

_____

_____

ERLEBNISSE HEUTE _____

_____

_____

_____

ÄNGSTE: GESUNDHEIT __ GELD __ FAMILIE __ BERUF __

KONKRET _____

_____

MEIN TAG WAR POSITIV __ NEUTRAL __ NEGATIV __ SCHMERZEN __

KONKRET _____

_____

GLÜCKSMOMENTE _____

MEINE WÜNSCHE _____

WAS HABE ICH GELERNT _____

WAS KANN ICH VERBESSERN _____

_____

ICH FREUE MICH AUF EINEN NEUEN TAG _____

ICH BEDANKE MICH REAL ODER IM GEIST BEI _____

_____

DATUM _____ WOCHENTAG _____

AUFGESTANDEN UM _____ ZU BETT GEGANGEN UM _____

MEIN SCHLAF IST GUT __ UNRUHIG __ SCHMERZEN __ OFT WACH __

BLUTDRUCK IN mmHg _____ _____ _____

BLUTZUCKERWERT IN mg/dl _____ _____ _____

MEIN GEWICHT _____ MEIN WUNSCHGEWICHT _____

KAM POST? KEINE __ POSITIVE __ NEGATIVE __ WERBUNG __

KONKRET _____

FRÜHSTÜCK _____

MITTAGESSEN _____

ABENDESSEN _____

WETTER IST SONNIG __ REGEN __ WARM __ KALT __

MIT DEM WETTER WAR ICH ZUFRIEDEN __ UNZUFRIEDEN __

ICH FÜHLTE MICH GESUND __ KRANK __ STARK __ SCHWACH __

ES GING MIR GUT __ NICHT GUT __ WETTERFÜHLIG __

GEFROHREN __   Wetter:

KOPFSCHMERZEN __

_____

_____

ERLEBNISSE HEUTE _____

_____

_____

_____

ÄNGSTE: GESUNDHEIT __ GELD __ FAMILIE __ BERUF __

KONKRET _____

_____

MEIN TAG WAR POSITIV __ NEUTRAL __ NEGATIV __ SCHMERZEN __

KONKRET _____

_____

GLÜCKSMOMENTE _____

MEINE WÜNSCHE _____

WAS HABE ICH GELERNT _____

WAS KANN ICH VERBESSERN _____

_____

ICH FREUE MICH AUF EINEN NEUEN TAG _____

ICH BEDANKE MICH REAL ODER IM GEIST BEI _____

_____

DATUM _____ WOCHENTAG _____

AUFGESTANDEN UM _____ ZU BETT GEGANGEN UM _____

MEIN SCHLAF IST GUT __ UNRUHIG __ SCHMERZEN __ OFT WACH __

BLUTDRUCK IN mmHg _____ _____ _____

BLUTZUCKERWERT IN mg/dl _____ _____ _____

MEIN GEWICHT _____ MEIN WUNSCHGEWICHT _____

KAM POST? KEINE __ POSITIVE __ NEGATIVE __ WERBUNG __

KONKRET _____

FRÜHSTÜCK _____

MITTAGESSEN _____

ABENDESSEN _____

WETTER IST SONNIG __ REGEN __ WARM __ KALT __

MIT DEM WETTER WAR ICH ZUFRIEDEN __ UNZUFRIEDEN __

ICH FÜHLTE MICH GESUND __ KRANK __ STARK __ SCHWACH __

ES GING MIR GUT __ NICHT GUT __ WETTERFÜHLIG __

GEFROHREN __   Wetter:

KOPFSCHMERZEN __

_____

_____

ERLEBNISSE HEUTE _____

_____

_____

ÄNGSTE: GESUNDHEIT __ GELD __ FAMILIE __ BERUF __

KONKRET _____

MEIN TAG WAR POSITIV __ NEUTRAL __ NEGATIV __ SCHMERZEN __

KONKRET _____

GLÜCKSMOMENTE _____

MEINE WÜNSCHE _____

WAS HABE ICH GELERNT _____

WAS KANN ICH VERBESSERN _____

ICH FREUE MICH AUF EINEN NEUEN TAG _____

ICH BEDANKE MICH REAL ODER IM GEIST BEI _____

_____

DATUM _____ WOCHENTAG _____

AUFGESTANDEN UM _____ ZU BETT GEGANGEN UM _____

MEIN SCHLAF IST GUT __ UNRUHIG __ SCHMERZEN __ OFT WACH __

BLUTDRUCK IN mmHg _____ _____ _____

BLUTZUCKERWERT IN mg/dl _____ _____ _____

MEIN GEWICHT _____ MEIN WUNSCHGEWICHT _____

KAM POST? KEINE __ POSITIVE __ NEGATIVE __ WERBUNG __

KONKRET _____

FRÜHSTÜCK _____

MITTAGESSEN _____

ABENDESSEN _____

WETTER IST SONNIG __ REGEN __ WARM __ KALT __

MIT DEM WETTER WAR ICH ZUFRIEDEN __ UNZUFRIEDEN __

ICH FÜHLTE MICH GESUND __ KRANK __ STARK __ SCHWACH __

ES GING MIR GUT __ NICHT GUT __ WETTERFÜHLIG __

GEFROHREN __   Wetter:

KOPFSCHMERZEN __

_____

_____

ERLEBNISSE HEUTE _____

_____

_____

_____

ÄNGSTE: GESUNDHEIT __ GELD __ FAMILIE __ BERUF __

KONKRET _____

_____

MEIN TAG WAR POSITIV __ NEUTRAL __ NEGATIV __ SCHMERZEN __

KONKRET _____

_____

GLÜCKSMOMENTE _____

MEINE WÜNSCHE _____

WAS HABE ICH GELERNT _____

WAS KANN ICH VERBESSERN _____

_____

ICH FREUE MICH AUF EINEN NEUEN TAG _____

ICH BEDANKE MICH REAL ODER IM GEIST BEI _____

_____

DATUM _____ WOCHENTAG _____

AUFGESTANDEN UM _____ ZU BETT GEGANGEN UM _____

MEIN SCHLAF IST GUT __ UNRUHIG __ SCHMERZEN __ OFT WACH __

BLUTDRUCK IN mmHg _____ _____ _____

BLUTZUCKERWERT IN mg/dl _____ _____ _____

MEIN GEWICHT _____ MEIN WUNSCHGEWICHT _____

KAM POST? KEINE __ POSITIVE __ NEGATIVE __ WERBUNG __

KONKRET _____

FRÜHSTÜCK _____

MITTAGESSEN _____

ABENDESSEN _____

WETTER IST SONNIG __ REGEN __ WARM __ KALT __

MIT DEM WETTER WAR ICH ZUFRIEDEN __ UNZUFRIEDEN __

ICH FÜHLTE MICH GESUND __ KRANK __ STARK __ SCHWACH __

ES GING MIR GUT __ NICHT GUT __ WETTERFÜHLIG __

GEFROHREN __   Wetter:

KOPFSCHMERZEN __

_____

_____

ERLEBNISSE HEUTE _____

_____

_____

_____

ÄNGSTE: GESUNDHEIT __ GELD __ FAMILIE __ BERUF __

KONKRET _____

_____

MEIN TAG WAR POSITIV __ NEUTRAL __ NEGATIV __ SCHMERZEN __

KONKRET _____

_____

GLÜCKSMOMENTE _____

MEINE WÜNSCHE _____

WAS HABE ICH GELERNT _____

WAS KANN ICH VERBESSERN _____

_____

ICH FREUE MICH AUF EINEN NEUEN TAG _____

ICH BEDANKE MICH REAL ODER IM GEIST BEI _____

_____

DATUM _____ WOCHENTAG _____

AUFGESTANDEN UM _____ ZU BETT GEGANGEN UM _____

MEIN SCHLAF IST GUT __ UNRUHIG __ SCHMERZEN __ OFT WACH __

BLUTDRUCK IN mmHg _____ _____ _____

BLUTZUCKERWERT IN mg/dl _____ _____ _____

MEIN GEWICHT _____ MEIN WUNSCHGEWICHT _____

KAM POST? KEINE __ POSITIVE __ NEGATIVE __ WERBUNG __

KONKRET _____

FRÜHSTÜCK _____

MITTAGESSEN _____

ABENDESSEN _____

WETTER IST SONNIG __ REGEN __ WARM __ KALT __

MIT DEM WETTER WAR ICH ZUFRIEDEN __ UNZUFRIEDEN __

ICH FÜHLTE MICH GESUND __ KRANK __ STARK __ SCHWACH __

ES GING MIR GUT __ NICHT GUT __ WETTERFÜHLIG __

GEFROHREN __   Wetter:

KOPFSCHMERZEN __

_____

_____

ERLEBNISSE HEUTE _____

_____

_____

_____

ÄNGSTE: GESUNDHEIT __ GELD __ FAMILIE __ BERUF __

KONKRET _____

_____

MEIN TAG WAR POSITIV __ NEUTRAL __ NEGATIV __ SCHMERZEN __

KONKRET _____

_____

GLÜCKSMOMENTE _____

MEINE WÜNSCHE _____

WAS HABE ICH GELERNT _____

WAS KANN ICH VERBESSERN _____

_____

ICH FREUE MICH AUF EINEN NEUEN TAG _____

ICH BEDANKE MICH REAL ODER IM GEIST BEI _____

_____

DATUM _____ WOCHENTAG _____

AUFGESTANDEN UM _____ ZU BETT GEGANGEN UM _____

MEIN SCHLAF IST GUT __ UNRUHIG __ SCHMERZEN __ OFT WACH __

BLUTDRUCK IN mmHg _____ _____ _____

BLUTZUCKERWERT IN mg/dl _____ _____ _____

MEIN GEWICHT _____ MEIN WUNSCHGEWICHT _____

KAM POST? KEINE __ POSITIVE __ NEGATIVE __ WERBUNG __

KONKRET _____

FRÜHSTÜCK _____

MITTAGESSEN _____

ABENDESSEN _____

WETTER IST SONNIG __ REGEN __ WARM __ KALT __

MIT DEM WETTER WAR ICH ZUFRIEDEN __ UNZUFRIEDEN __

ICH FÜHLTE MICH GESUND __ KRANK __ STARK __ SCHWACH __

ES GING MIR GUT __ NICHT GUT __ WETTERFÜHLIG __

GEFROHREN __   Wetter:

KOPFSCHMERZEN __

_____

_____

ERLEBNISSE HEUTE _____

_____

_____

_____

ÄNGSTE: GESUNDHEIT __ GELD __ FAMILIE __ BERUF __

KONKRET _____

_____

MEIN TAG WAR POSITIV __ NEUTRAL __ NEGATIV __ SCHMERZEN __

KONKRET _____

_____

GLÜCKSMOMENTE _____

MEINE WÜNSCHE _____

WAS HABE ICH GELERNT _____

WAS KANN ICH VERBESSERN _____

_____

ICH FREUE MICH AUF EINEN NEUEN TAG _____

ICH BEDANKE MICH REAL ODER IM GEIST BEI _____

_____

DATUM _____ WOCHENTAG _____

AUFGESTANDEN UM _____ ZU BETT GEGANGEN UM _____

MEIN SCHLAF IST GUT __ UNRUHIG __ SCHMERZEN __ OFT WACH __

BLUTDRUCK IN mmHg _____ _____ _____

BLUTZUCKERWERT IN mg/dl _____ _____ _____

MEIN GEWICHT _____ MEIN WUNSCHGEWICHT _____

KAM POST? KEINE __ POSITIVE __ NEGATIVE __ WERBUNG __

KONKRET _____

FRÜHSTÜCK _____

MITTAGESSEN _____

ABENDESSEN _____

WETTER IST SONNIG __ REGEN __ WARM __ KALT __

MIT DEM WETTER WAR ICH ZUFRIEDEN __ UNZUFRIEDEN __

ICH FÜHLTE MICH GESUND __ KRANK __ STARK __ SCHWACH __

ES GING MIR GUT __ NICHT GUT __ WETTERFÜHLIG __

GEFROHREN __   Wetter:

KOPFSCHMERZEN __

_____

_____

ERLEBNISSE HEUTE _____

_____

_____

_____

ÄNGSTE: GESUNDHEIT __ GELD __ FAMILIE __ BERUF __

KONKRET _____

_____

MEIN TAG WAR POSITIV __ NEUTRAL __ NEGATIV __ SCHMERZEN __

KONKRET _____

_____

GLÜCKSMOMENTE _____

MEINE WÜNSCHE _____

WAS HABE ICH GELERNT _____

WAS KANN ICH VERBESSERN _____

_____

ICH FREUE MICH AUF EINEN NEUEN TAG _____

ICH BEDANKE MICH REAL ODER IM GEIST BEI _____

_____

DATUM _____ WOCHENTAG _____

AUFGESTANDEN UM _____ ZU BETT GEGANGEN UM _____

MEIN SCHLAF IST GUT __ UNRUHIG __ SCHMERZEN __ OFT WACH __

BLUTDRUCK IN mmHg _____ _____ _____

BLUTZUCKERWERT IN mg/dl _____ _____ _____

MEIN GEWICHT _____ MEIN WUNSCHGEWICHT _____

KAM POST? KEINE __ POSITIVE __ NEGATIVE __ WERBUNG __

KONKRET _____

FRÜHSTÜCK _____

MITTAGESSEN _____

ABENDESSEN _____

WETTER IST SONNIG __ REGEN __ WARM __ KALT __

MIT DEM WETTER WAR ICH ZUFRIEDEN __ UNZUFRIEDEN __

ICH FÜHLTE MICH GESUND __ KRANK __ STARK __ SCHWACH __

ES GING MIR GUT __ NICHT GUT __ WETTERFÜHLIG __

GEFROHREN __   Wetter:

KOPFSCHMERZEN __

_____

_____

ERLEBNISSE HEUTE _____

_____

_____

_____

ÄNGSTE: GESUNDHEIT __ GELD __ FAMILIE __ BERUF __

KONKRET _____

_____

MEIN TAG WAR POSITIV __ NEUTRAL __ NEGATIV __ SCHMERZEN __

KONKRET _____

_____

GLÜCKSMOMENTE _____

MEINE WÜNSCHE _____

WAS HABE ICH GELERNT _____

WAS KANN ICH VERBESSERN _____

_____

ICH FREUE MICH AUF EINEN NEUEN TAG _____

ICH BEDANKE MICH REAL ODER IM GEIST BEI _____

_____

DATUM _____ WOCHENTAG _____

AUFGESTANDEN UM _____ ZU BETT GEGANGEN UM _____

MEIN SCHLAF IST GUT __ UNRUHIG __ SCHMERZEN __ OFT WACH __

BLUTDRUCK IN mmHg _____ _____ _____

BLUTZUCKERWERT IN mg/dl _____ _____ _____

MEIN GEWICHT _____ MEIN WUNSCHGEWICHT _____

KAM POST? KEINE __ POSITIVE __ NEGATIVE __ WERBUNG __

KONKRET _____

FRÜHSTÜCK _____

MITTAGESSEN _____

ABENDESSEN _____

WETTER IST SONNIG __ REGEN __ WARM __ KALT __

MIT DEM WETTER WAR ICH ZUFRIEDEN __ UNZUFRIEDEN __

ICH FÜHLTE MICH GESUND __ KRANK __ STARK __ SCHWACH __

ES GING MIR GUT __ NICHT GUT __ WETTERFÜHLIG __

GEFROHREN __   Wetter:

KOPFSCHMERZEN __

_____

_____

ERLEBNISSE HEUTE _____

_____

_____

_____

ÄNGSTE: GESUNDHEIT __ GELD __ FAMILIE __ BERUF __

KONKRET _____

_____

MEIN TAG WAR POSITIV __ NEUTRAL __ NEGATIV __ SCHMERZEN __

KONKRET _____

_____

GLÜCKSMOMENTE _____

MEINE WÜNSCHE _____

WAS HABE ICH GELERNT _____

WAS KANN ICH VERBESSERN _____

_____

ICH FREUE MICH AUF EINEN NEUEN TAG _____

ICH BEDANKE MICH REAL ODER IM GEIST BEI _____

_____

DATUM _____ WOCHENTAG _____

AUFGESTANDEN UM _____ ZU BETT GEGANGEN UM _____

MEIN SCHLAF IST GUT __ UNRUHIG __ SCHMERZEN __ OFT WACH __

BLUTDRUCK IN mmHg _____ _____ _____

BLUTZUCKERWERT IN mg/dl _____ _____ _____

MEIN GEWICHT _____ MEIN WUNSCHGEWICHT _____

KAM POST? KEINE __ POSITIVE __ NEGATIVE __ WERBUNG __

KONKRET _____

FRÜHSTÜCK _____

MITTAGESSEN _____

ABENDESSEN _____

WETTER IST SONNIG __ REGEN __ WARM __ KALT __

MIT DEM WETTER WAR ICH ZUFRIEDEN __ UNZUFRIEDEN __

ICH FÜHLTE MICH GESUND __ KRANK __ STARK __ SCHWACH __

ES GING MIR GUT __ NICHT GUT __ WETTERFÜHLIG __

GEFROHREN __   Wetter:

KOPFSCHMERZEN __

_____

_____

ERLEBNISSE HEUTE _____

_____

_____

ÄNGSTE: GESUNDHEIT __ GELD __ FAMILIE __ BERUF __

KONKRET _____

MEIN TAG WAR POSITIV __ NEUTRAL __ NEGATIV __ SCHMERZEN __

KONKRET _____

GLÜCKSMOMENTE _____

MEINE WÜNSCHE _____

WAS HABE ICH GELERNT _____

WAS KANN ICH VERBESSERN _____

ICH FREUE MICH AUF EINEN NEUEN TAG _____

ICH BEDANKE MICH REAL ODER IM GEIST BEI _____

_____

DATUM _____ WOCHENTAG _____

AUFGESTANDEN UM _____ ZU BETT GEGANGEN UM _____

MEIN SCHLAF IST GUT __ UNRUHIG __ SCHMERZEN __ OFT WACH __

BLUTDRUCK IN mmHg _____ _____ _____

BLUTZUCKERWERT IN mg/dl _____ _____ _____

MEIN GEWICHT _____ MEIN WUNSCHGEWICHT _____

KAM POST? KEINE __ POSITIVE __ NEGATIVE __ WERBUNG __

KONKRET _____

FRÜHSTÜCK _____

MITTAGESSEN _____

ABENDESSEN _____

WETTER IST SONNIG __ REGEN __ WARM __ KALT __

MIT DEM WETTER WAR ICH ZUFRIEDEN __ UNZUFRIEDEN __

ICH FÜHLTE MICH GESUND __ KRANK __ STARK __ SCHWACH __

ES GING MIR GUT __ NICHT GUT __ WETTERFÜHLIG __

GEFROHREN __   Wetter:

KOPFSCHMERZEN __

_____

_____

ERLEBNISSE HEUTE _____

_____

_____

_____

ÄNGSTE: GESUNDHEIT __ GELD __ FAMILIE __ BERUF __

KONKRET _____

_____

MEIN TAG WAR POSITIV __ NEUTRAL __ NEGATIV __ SCHMERZEN __

KONKRET _____

_____

GLÜCKSMOMENTE _____

MEINE WÜNSCHE _____

WAS HABE ICH GELERNT _____

WAS KANN ICH VERBESSERN _____

_____

ICH FREUE MICH AUF EINEN NEUEN TAG _____

ICH BEDANKE MICH REAL ODER IM GEIST BEI _____

_____

DATUM _____ WOCHENTAG _____

AUFGESTANDEN UM _____ ZU BETT GEGANGEN UM _____

MEIN SCHLAF IST GUT __ UNRUHIG __ SCHMERZEN __ OFT WACH __

BLUTDRUCK IN mmHg _____ _____ _____

BLUTZUCKERWERT IN mg/dl _____ _____ _____

MEIN GEWICHT _____ MEIN WUNSCHGEWICHT _____

KAM POST? KEINE __ POSITIVE __ NEGATIVE __ WERBUNG __

KONKRET _____

FRÜHSTÜCK _____

MITTAGESSEN _____

ABENDESSEN _____

WETTER IST SONNIG __ REGEN __ WARM __ KALT __

MIT DEM WETTER WAR ICH ZUFRIEDEN __ UNZUFRIEDEN __

ICH FÜHLTE MICH GESUND __ KRANK __ STARK __ SCHWACH __

ES GING MIR GUT __ NICHT GUT __ WETTERFÜHLIG __

GEFROHREN __   Wetter:

KOPFSCHMERZEN __

_____

_____

ERLEBNISSE HEUTE _____

_____

_____

_____

ÄNGSTE: GESUNDHEIT __ GELD __ FAMILIE __ BERUF __

KONKRET _____

_____

MEIN TAG WAR POSITIV __ NEUTRAL __ NEGATIV __ SCHMERZEN __

KONKRET _____

_____

GLÜCKSMOMENTE _____

MEINE WÜNSCHE _____

WAS HABE ICH GELERNT _____

WAS KANN ICH VERBESSERN _____

_____

ICH FREUE MICH AUF EINEN NEUEN TAG _____

ICH BEDANKE MICH REAL ODER IM GEIST BEI _____

_____

DATUM _____ WOCHENTAG _____

AUFGESTANDEN UM _____ ZU BETT GEGANGEN UM _____

MEIN SCHLAF IST GUT __ UNRUHIG __ SCHMERZEN __ OFT WACH __

BLUTDRUCK IN mmHg _____ _____ _____

BLUTZUCKERWERT IN mg/dl _____ _____ _____

MEIN GEWICHT _____ MEIN WUNSCHGEWICHT _____

KAM POST? KEINE __ POSITIVE __ NEGATIVE __ WERBUNG __

KONKRET _____

FRÜHSTÜCK _____

MITTAGESSEN _____

ABENDESSEN _____

WETTER IST SONNIG __ REGEN __ WARM __ KALT __

MIT DEM WETTER WAR ICH ZUFRIEDEN __ UNZUFRIEDEN __

ICH FÜHLTE MICH GESUND __ KRANK __ STARK __ SCHWACH __

ES GING MIR GUT __ NICHT GUT __ WETTERFÜHLIG __

GEFROHREN __   Wetter:

KOPFSCHMERZEN __

_____

_____

ERLEBNISSE HEUTE _____

_____

_____

_____

ÄNGSTE: GESUNDHEIT __ GELD __ FAMILIE __ BERUF __

KONKRET _____

_____

MEIN TAG WAR POSITIV __ NEUTRAL __ NEGATIV __ SCHMERZEN __

KONKRET _____

_____

GLÜCKSMOMENTE _____

MEINE WÜNSCHE _____

WAS HABE ICH GELERNT _____

WAS KANN ICH VERBESSERN _____

_____

ICH FREUE MICH AUF EINEN NEUEN TAG _____

ICH BEDANKE MICH REAL ODER IM GEIST BEI _____

_____

DATUM _____ WOCHENTAG _____

AUFGESTANDEN UM _____ ZU BETT GEGANGEN UM _____

MEIN SCHLAF IST GUT __ UNRUHIG __ SCHMERZEN __ OFT WACH __

BLUTDRUCK IN mmHg _____ _____ _____

BLUTZUCKERWERT IN mg/dl _____ _____ _____

MEIN GEWICHT _____ MEIN WUNSCHGEWICHT _____

KAM POST? KEINE __ POSITIVE __ NEGATIVE __ WERBUNG __

KONKRET _____

FRÜHSTÜCK _____

MITTAGESSEN _____

ABENDESSEN _____

WETTER IST SONNIG __ REGEN __ WARM __ KALT __

MIT DEM WETTER WAR ICH ZUFRIEDEN __ UNZUFRIEDEN __

ICH FÜHLTE MICH GESUND __ KRANK __ STARK __ SCHWACH __

ES GING MIR GUT __ NICHT GUT __ WETTERFÜHLIG __

GEFROHREN __   Wetter:

KOPFSCHMERZEN __

_____

_____

ERLEBNISSE HEUTE _____

_____

_____

ÄNGSTE: GESUNDHEIT __ GELD __ FAMILIE __ BERUF __

KONKRET _____

MEIN TAG WAR POSITIV __ NEUTRAL __ NEGATIV __ SCHMERZEN __

KONKRET _____

GLÜCKSMOMENTE _____

MEINE WÜNSCHE _____

WAS HABE ICH GELERNT _____

WAS KANN ICH VERBESSERN _____

ICH FREUE MICH AUF EINEN NEUEN TAG _____

ICH BEDANKE MICH REAL ODER IM GEIST BEI _____

_____

DATUM _____ WOCHENTAG _____

AUFGESTANDEN UM _____ ZU BETT GEGANGEN UM _____

MEIN SCHLAF IST GUT __ UNRUHIG __ SCHMERZEN __ OFT WACH __

BLUTDRUCK IN mmHg _____ _____ _____

BLUTZUCKERWERT IN mg/dl _____ _____ _____

MEIN GEWICHT _____ MEIN WUNSCHGEWICHT _____

KAM POST? KEINE __ POSITIVE __ NEGATIVE __ WERBUNG __

KONKRET _____

FRÜHSTÜCK _____

MITTAGESSEN _____

ABENDESSEN _____

WETTER IST SONNIG __ REGEN __ WARM __ KALT __

MIT DEM WETTER WAR ICH ZUFRIEDEN __ UNZUFRIEDEN __

ICH FÜHLTE MICH GESUND __ KRANK __ STARK __ SCHWACH __

ES GING MIR GUT __ NICHT GUT __ WETTERFÜHLIG __

GEFROHREN __   Wetter:

KOPFSCHMERZEN __

_____

_____

ERLEBNISSE HEUTE _____

_____

_____

_____

ÄNGSTE: GESUNDHEIT __ GELD __ FAMILIE __ BERUF __

KONKRET _____

_____

MEIN TAG WAR POSITIV __ NEUTRAL __ NEGATIV __ SCHMERZEN __

KONKRET _____

_____

GLÜCKSMOMENTE _____

MEINE WÜNSCHE _____

WAS HABE ICH GELERNT _____

WAS KANN ICH VERBESSERN _____

_____

ICH FREUE MICH AUF EINEN NEUEN TAG _____

ICH BEDANKE MICH REAL ODER IM GEIST BEI _____

_____

DATUM _____ WOCHENTAG _____

AUFGESTANDEN UM _____ ZU BETT GEGANGEN UM _____

MEIN SCHLAF IST GUT __ UNRUHIG __ SCHMERZEN __ OFT WACH __

BLUTDRUCK IN mmHg _____ _____ _____

BLUTZUCKERWERT IN mg/dl _____ _____ _____

MEIN GEWICHT _____ MEIN WUNSCHGEWICHT _____

KAM POST? KEINE __ POSITIVE __ NEGATIVE __ WERBUNG __

KONKRET _____

FRÜHSTÜCK _____

MITTAGESSEN _____

ABENDESSEN _____

WETTER IST SONNIG __ REGEN __ WARM __ KALT __

MIT DEM WETTER WAR ICH ZUFRIEDEN __ UNZUFRIEDEN __

ICH FÜHLTE MICH GESUND __ KRANK __ STARK __ SCHWACH __

ES GING MIR GUT __ NICHT GUT __ WETTERFÜHLIG __

GEFROHREN __   Wetter:

KOPFSCHMERZEN __

_____

_____

ERLEBNISSE HEUTE _____

_____

_____

_____

ÄNGSTE: GESUNDHEIT __ GELD __ FAMILIE __ BERUF __

KONKRET _____

_____

MEIN TAG WAR POSITIV __ NEUTRAL __ NEGATIV __ SCHMERZEN __

KONKRET _____

_____

GLÜCKSMOMENTE _____

MEINE WÜNSCHE _____

WAS HABE ICH GELERNT _____

WAS KANN ICH VERBESSERN _____

_____

ICH FREUE MICH AUF EINEN NEUEN TAG _____

ICH BEDANKE MICH REAL ODER IM GEIST BEI _____

_____

DATUM _____ WOCHENTAG _____

AUFGESTANDEN UM _____ ZU BETT GEGANGEN UM _____

MEIN SCHLAF IST GUT __ UNRUHIG __ SCHMERZEN __ OFT WACH __

BLUTDRUCK IN mmHg _____ _____ _____

BLUTZUCKERWERT IN mg/dl _____ _____ _____

MEIN GEWICHT _____ MEIN WUNSCHGEWICHT _____

KAM POST? KEINE __ POSITIVE __ NEGATIVE __ WERBUNG __

KONKRET _____

FRÜHSTÜCK _____

MITTAGESSEN _____

ABENDESSEN _____

WETTER IST SONNIG __ REGEN __ WARM __ KALT __

MIT DEM WETTER WAR ICH ZUFRIEDEN __ UNZUFRIEDEN __

ICH FÜHLTE MICH GESUND __ KRANK __ STARK __ SCHWACH __

ES GING MIR GUT __ NICHT GUT __ WETTERFÜHLIG __

GEFROHREN __   Wetter:

KOPFSCHMERZEN __

_____

_____

ERLEBNISSE HEUTE _____

_____

_____

_____

ÄNGSTE: GESUNDHEIT __ GELD __ FAMILIE __ BERUF __

KONKRET _____

_____

MEIN TAG WAR POSITIV __ NEUTRAL __ NEGATIV __ SCHMERZEN __

KONKRET _____

_____

GLÜCKSMOMENTE _____

MEINE WÜNSCHE _____

WAS HABE ICH GELERNT _____

WAS KANN ICH VERBESSERN _____

_____

ICH FREUE MICH AUF EINEN NEUEN TAG _____

ICH BEDANKE MICH REAL ODER IM GEIST BEI _____

_____

DATUM _____ WOCHENTAG _____

AUFGESTANDEN UM _____ ZU BETT GEGANGEN UM _____

MEIN SCHLAF IST GUT __ UNRUHIG __ SCHMERZEN __ OFT WACH __

BLUTDRUCK IN mmHg _____ _____ _____

BLUTZUCKERWERT IN mg/dl _____ _____ _____

MEIN GEWICHT _____ MEIN WUNSCHGEWICHT _____

KAM POST? KEINE __ POSITIVE __ NEGATIVE __ WERBUNG __

KONKRET _____

FRÜHSTÜCK _____

MITTAGESSEN _____

ABENDESSEN _____

WETTER IST SONNIG __ REGEN __ WARM __ KALT __

MIT DEM WETTER WAR ICH ZUFRIEDEN __ UNZUFRIEDEN __

ICH FÜHLTE MICH GESUND __ KRANK __ STARK __ SCHWACH __

ES GING MIR GUT __ NICHT GUT __ WETTERFÜHLIG __

GEFROHREN __   Wetter:

KOPFSCHMERZEN __

_____

_____

ERLEBNISSE HEUTE _____

_____

_____

ÄNGSTE: GESUNDHEIT __ GELD __ FAMILIE __ BERUF __

KONKRET _____

MEIN TAG WAR POSITIV __ NEUTRAL __ NEGATIV __ SCHMERZEN __

KONKRET _____

GLÜCKSMOMENTE _____

MEINE WÜNSCHE _____

WAS HABE ICH GELERNT _____

WAS KANN ICH VERBESSERN _____

ICH FREUE MICH AUF EINEN NEUEN TAG _____

ICH BEDANKE MICH REAL ODER IM GEIST BEI _____

_____

DATUM _____ WOCHENTAG _____

AUFGESTANDEN UM _____ ZU BETT GEGANGEN UM _____

MEIN SCHLAF IST GUT __ UNRUHIG __ SCHMERZEN __ OFT WACH __

BLUTDRUCK IN mmHg _____ _____ _____

BLUTZUCKERWERT IN mg/dl _____ _____ _____

MEIN GEWICHT _____ MEIN WUNSCHGEWICHT _____

KAM POST? KEINE __ POSITIVE __ NEGATIVE __ WERBUNG __

KONKRET _____

FRÜHSTÜCK _____

MITTAGESSEN _____

ABENDESSEN _____

WETTER IST SONNIG __ REGEN __ WARM __ KALT __

MIT DEM WETTER WAR ICH ZUFRIEDEN __ UNZUFRIEDEN __

ICH FÜHLTE MICH GESUND __ KRANK __ STARK __ SCHWACH __

ES GING MIR GUT __ NICHT GUT __ WETTERFÜHLIG __

GEFROHREN __   Wetter:

KOPFSCHMERZEN __

_____

_____

ERLEBNISSE HEUTE _____

_____

_____

_____

ÄNGSTE: GESUNDHEIT __ GELD __ FAMILIE __ BERUF __

KONKRET _____

_____

MEIN TAG WAR POSITIV __ NEUTRAL __ NEGATIV __ SCHMERZEN __

KONKRET _____

_____

GLÜCKSMOMENTE _____

MEINE WÜNSCHE _____

WAS HABE ICH GELERNT _____

WAS KANN ICH VERBESSERN _____

_____

ICH FREUE MICH AUF EINEN NEUEN TAG _____

ICH BEDANKE MICH REAL ODER IM GEIST BEI _____

_____

DATUM _____ WOCHENTAG _____

AUFGESTANDEN UM _____ ZU BETT GEGANGEN UM _____

MEIN SCHLAF IST GUT __ UNRUHIG __ SCHMERZEN __ OFT WACH __

BLUTDRUCK IN mmHg _____ _____ _____

BLUTZUCKERWERT IN mg/dl _____ _____ _____

MEIN GEWICHT _____ MEIN WUNSCHGEWICHT _____

KAM POST? KEINE __ POSITIVE __ NEGATIVE __ WERBUNG __

KONKRET _____

FRÜHSTÜCK _____

MITTAGESSEN _____

ABENDESSEN _____

WETTER IST SONNIG __ REGEN __ WARM __ KALT __

MIT DEM WETTER WAR ICH ZUFRIEDEN __ UNZUFRIEDEN __

ICH FÜHLTE MICH GESUND __ KRANK __ STARK __ SCHWACH __

ES GING MIR GUT __ NICHT GUT __ WETTERFÜHLIG __

GEFROHREN __   Wetter:

KOPFSCHMERZEN __

_____

_____

ERLEBNISSE HEUTE _____

_____

_____

_____

ÄNGSTE: GESUNDHEIT __ GELD __ FAMILIE __ BERUF __

KONKRET _____

_____

MEIN TAG WAR POSITIV __ NEUTRAL __ NEGATIV __ SCHMERZEN __

KONKRET _____

_____

GLÜCKSMOMENTE _____

MEINE WÜNSCHE _____

WAS HABE ICH GELERNT _____

WAS KANN ICH VERBESSERN _____

_____

ICH FREUE MICH AUF EINEN NEUEN TAG _____

ICH BEDANKE MICH REAL ODER IM GEIST BEI _____

_____

DATUM _____ WOCHENTAG _____

AUFGESTANDEN UM _____ ZU BETT GEGANGEN UM _____

MEIN SCHLAF IST GUT __ UNRUHIG __ SCHMERZEN __ OFT WACH __

BLUTDRUCK IN mmHg _____ _____ _____

BLUTZUCKERWERT IN mg/dl _____ _____ _____

MEIN GEWICHT _____ MEIN WUNSCHGEWICHT _____

KAM POST? KEINE __ POSITIVE __ NEGATIVE __ WERBUNG __

KONKRET _____

FRÜHSTÜCK _____

MITTAGESSEN _____

ABENDESSEN _____

WETTER IST SONNIG __ REGEN __ WARM __ KALT __

MIT DEM WETTER WAR ICH ZUFRIEDEN __ UNZUFRIEDEN __

ICH FÜHLTE MICH GESUND __ KRANK __ STARK __ SCHWACH __

ES GING MIR GUT __ NICHT GUT __ WETTERFÜHLIG __

GEFROHREN __   Wetter:

KOPFSCHMERZEN __

_____

_____

ERLEBNISSE HEUTE _____

_____

_____

_____

ÄNGSTE: GESUNDHEIT __ GELD __ FAMILIE __ BERUF __

KONKRET _____

_____

MEIN TAG WAR POSITIV __ NEUTRAL __ NEGATIV __ SCHMERZEN __

KONKRET _____

_____

GLÜCKSMOMENTE _____

MEINE WÜNSCHE _____

WAS HABE ICH GELERNT _____

WAS KANN ICH VERBESSERN _____

_____

ICH FREUE MICH AUF EINEN NEUEN TAG _____

ICH BEDANKE MICH REAL ODER IM GEIST BEI _____

_____

DATUM _____ WOCHENTAG _____

AUFGESTANDEN UM _____ ZU BETT GEGANGEN UM _____

MEIN SCHLAF IST GUT __ UNRUHIG __ SCHMERZEN __ OFT WACH __

BLUTDRUCK IN mmHg _____ _____ _____

BLUTZUCKERWERT IN mg/dl _____ _____ _____

MEIN GEWICHT _____ MEIN WUNSCHGEWICHT _____

KAM POST? KEINE __ POSITIVE __ NEGATIVE __ WERBUNG __

KONKRET _____

FRÜHSTÜCK _____

MITTAGESSEN _____

ABENDESSEN _____

WETTER IST SONNIG __ REGEN __ WARM __ KALT __

MIT DEM WETTER WAR ICH ZUFRIEDEN __ UNZUFRIEDEN __

ICH FÜHLTE MICH GESUND __ KRANK __ STARK __ SCHWACH __

ES GING MIR GUT __ NICHT GUT __ WETTERFÜHLIG __

GEFROHREN __   Wetter:

KOPFSCHMERZEN __

_____

_____

ERLEBNISSE HEUTE _____

_____

_____

ÄNGSTE: GESUNDHEIT __ GELD __ FAMILIE __ BERUF __

KONKRET _____

MEIN TAG WAR POSITIV __ NEUTRAL __ NEGATIV __ SCHMERZEN __

KONKRET _____

GLÜCKSMOMENTE _____

MEINE WÜNSCHE _____

WAS HABE ICH GELERNT _____

WAS KANN ICH VERBESSERN _____

ICH FREUE MICH AUF EINEN NEUEN TAG _____

ICH BEDANKE MICH REAL ODER IM GEIST BEI _____

_____

DATUM _____ WOCHENTAG _____

AUFGESTANDEN UM _____ ZU BETT GEGANGEN UM _____

MEIN SCHLAF IST GUT __ UNRUHIG __ SCHMERZEN __ OFT WACH __

BLUTDRUCK IN mmHg _____ _____ _____

BLUTZUCKERWERT IN mg/dl _____ _____ _____

MEIN GEWICHT _____ MEIN WUNSCHGEWICHT _____

KAM POST? KEINE __ POSITIVE __ NEGATIVE __ WERBUNG __

KONKRET _____

FRÜHSTÜCK _____

MITTAGESSEN _____

ABENDESSEN _____

WETTER IST SONNIG __ REGEN __ WARM __ KALT __

MIT DEM WETTER WAR ICH ZUFRIEDEN __ UNZUFRIEDEN __

ICH FÜHLTE MICH GESUND __ KRANK __ STARK __ SCHWACH __

ES GING MIR GUT __ NICHT GUT __ WETTERFÜHLIG __

GEFROHREN __   Wetter:

KOPFSCHMERZEN __

_____

_____

ERLEBNISSE HEUTE _____

_____

_____

_____

ÄNGSTE: GESUNDHEIT __ GELD __ FAMILIE __ BERUF __

KONKRET _____

_____

MEIN TAG WAR POSITIV __ NEUTRAL __ NEGATIV __ SCHMERZEN __

KONKRET _____

_____

GLÜCKSMOMENTE _____

MEINE WÜNSCHE _____

WAS HABE ICH GELERNT _____

WAS KANN ICH VERBESSERN _____

_____

ICH FREUE MICH AUF EINEN NEUEN TAG _____

ICH BEDANKE MICH REAL ODER IM GEIST BEI _____

_____

DATUM _____ WOCHENTAG _____

AUFGESTANDEN UM _____ ZU BETT GEGANGEN UM _____

MEIN SCHLAF IST GUT __ UNRUHIG __ SCHMERZEN __ OFT WACH __

BLUTDRUCK IN mmHg _____ _____ _____

BLUTZUCKERWERT IN mg/dl _____ _____ _____

MEIN GEWICHT _____ MEIN WUNSCHGEWICHT _____

KAM POST? KEINE __ POSITIVE __ NEGATIVE __ WERBUNG __

KONKRET _____

FRÜHSTÜCK _____

MITTAGESSEN _____

ABENDESSEN _____

WETTER IST SONNIG __ REGEN __ WARM __ KALT __

MIT DEM WETTER WAR ICH ZUFRIEDEN __ UNZUFRIEDEN __

ICH FÜHLTE MICH GESUND __ KRANK __ STARK __ SCHWACH __

ES GING MIR GUT __ NICHT GUT __ WETTERFÜHLIG __

GEFROHREN __   Wetter:

KOPFSCHMERZEN __

_____

_____

ERLEBNISSE HEUTE _____

_____

_____

_____

ÄNGSTE: GESUNDHEIT __ GELD __ FAMILIE __ BERUF __

KONKRET _____

_____

MEIN TAG WAR POSITIV __ NEUTRAL __ NEGATIV __ SCHMERZEN __

KONKRET _____

_____

GLÜCKSMOMENTE _____

MEINE WÜNSCHE _____

WAS HABE ICH GELERNT _____

WAS KANN ICH VERBESSERN _____

_____

ICH FREUE MICH AUF EINEN NEUEN TAG _____

ICH BEDANKE MICH REAL ODER IM GEIST BEI _____

_____

DATUM _____ WOCHENTAG _____

AUFGESTANDEN UM _____ ZU BETT GEGANGEN UM _____

MEIN SCHLAF IST GUT __ UNRUHIG __ SCHMERZEN __ OFT WACH __

BLUTDRUCK IN mmHg _____ _____ _____

BLUTZUCKERWERT IN mg/dl _____ _____ _____

MEIN GEWICHT _____ MEIN WUNSCHGEWICHT _____

KAM POST? KEINE __ POSITIVE __ NEGATIVE __ WERBUNG __

KONKRET _____

FRÜHSTÜCK _____

MITTAGESSEN _____

ABENDESSEN _____

WETTER IST SONNIG __ REGEN __ WARM __ KALT __

MIT DEM WETTER WAR ICH ZUFRIEDEN __ UNZUFRIEDEN __

ICH FÜHLTE MICH GESUND __ KRANK __ STARK __ SCHWACH __

ES GING MIR GUT __ NICHT GUT __ WETTERFÜHLIG __

GEFROHREN __   Wetter:

KOPFSCHMERZEN __

_____

_____

ERLEBNISSE HEUTE _____

_____

_____

_____

ÄNGSTE: GESUNDHEIT __ GELD __ FAMILIE __ BERUF __

KONKRET _____

_____

MEIN TAG WAR POSITIV __ NEUTRAL __ NEGATIV __ SCHMERZEN __

KONKRET _____

_____

GLÜCKSMOMENTE _____

MEINE WÜNSCHE _____

WAS HABE ICH GELERNT _____

WAS KANN ICH VERBESSERN _____

_____

ICH FREUE MICH AUF EINEN NEUEN TAG _____

ICH BEDANKE MICH REAL ODER IM GEIST BEI _____

_____

DATUM _____ WOCHENTAG _____

AUFGESTANDEN UM _____ ZU BETT GEGANGEN UM _____

MEIN SCHLAF IST GUT __ UNRUHIG __ SCHMERZEN __ OFT WACH __

BLUTDRUCK IN mmHg _____ _____ _____

BLUTZUCKERWERT IN mg/dl _____ _____ _____

MEIN GEWICHT _____ MEIN WUNSCHGEWICHT _____

KAM POST? KEINE __ POSITIVE __ NEGATIVE __ WERBUNG __

KONKRET _____

FRÜHSTÜCK _____

MITTAGESSEN _____

ABENDESSEN _____

WETTER IST SONNIG __ REGEN __ WARM __ KALT __

MIT DEM WETTER WAR ICH ZUFRIEDEN __ UNZUFRIEDEN __

ICH FÜHLTE MICH GESUND __ KRANK __ STARK __ SCHWACH __

ES GING MIR GUT __ NICHT GUT __ WETTERFÜHLIG __

GEFROHREN __   Wetter:

KOPFSCHMERZEN __

_____

_____

ERLEBNISSE HEUTE _____

_____

_____

_____

ÄNGSTE: GESUNDHEIT __ GELD __ FAMILIE __ BERUF __

KONKRET _____

MEIN TAG WAR POSITIV __ NEUTRAL __ NEGATIV __ SCHMERZEN __

KONKRET _____

GLÜCKSMOMENTE _____

MEINE WÜNSCHE _____

WAS HABE ICH GELERNT _____

WAS KANN ICH VERBESSERN _____

ICH FREUE MICH AUF EINEN NEUEN TAG _____

ICH BEDANKE MICH REAL ODER IM GEIST BEI _____

_____

DATUM _____ WOCHENTAG _____

AUFGESTANDEN UM _____ ZU BETT GEGANGEN UM _____

MEIN SCHLAF IST GUT __ UNRUHIG __ SCHMERZEN __ OFT WACH __

BLUTDRUCK IN mmHg _____ _____ _____

BLUTZUCKERWERT IN mg/dl _____ _____ _____

MEIN GEWICHT _____ MEIN WUNSCHGEWICHT _____

KAM POST? KEINE __ POSITIVE __ NEGATIVE __ WERBUNG __

KONKRET _____

FRÜHSTÜCK _____

MITTAGESSEN _____

ABENDESSEN _____

WETTER IST SONNIG __ REGEN __ WARM __ KALT __

MIT DEM WETTER WAR ICH ZUFRIEDEN __ UNZUFRIEDEN __

ICH FÜHLTE MICH GESUND __ KRANK __ STARK __ SCHWACH __

ES GING MIR GUT __ NICHT GUT __ WETTERFÜHLIG __

GEFROHREN __   Wetter:

KOPFSCHMERZEN __

_____

_____

ERLEBNISSE HEUTE _____

_____

_____

_____

ÄNGSTE: GESUNDHEIT __ GELD __ FAMILIE __ BERUF __

KONKRET _____

_____

MEIN TAG WAR POSITIV __ NEUTRAL __ NEGATIV __ SCHMERZEN __

KONKRET _____

_____

GLÜCKSMOMENTE _____

MEINE WÜNSCHE _____

WAS HABE ICH GELERNT _____

WAS KANN ICH VERBESSERN _____

_____

ICH FREUE MICH AUF EINEN NEUEN TAG _____

ICH BEDANKE MICH REAL ODER IM GEIST BEI _____

_____

DATUM _____ WOCHENTAG _____

AUFGESTANDEN UM _____ ZU BETT GEGANGEN UM _____

MEIN SCHLAF IST GUT __ UNRUHIG __ SCHMERZEN __ OFT WACH __

BLUTDRUCK IN mmHg _____ _____ _____

BLUTZUCKERWERT IN mg/dl _____ _____ _____

MEIN GEWICHT _____ MEIN WUNSCHGEWICHT _____

KAM POST? KEINE __ POSITIVE __ NEGATIVE __ WERBUNG __

KONKRET _____

FRÜHSTÜCK _____

MITTAGESSEN _____

ABENDESSEN _____

WETTER IST SONNIG __ REGEN __ WARM __ KALT __

MIT DEM WETTER WAR ICH ZUFRIEDEN __ UNZUFRIEDEN __

ICH FÜHLTE MICH GESUND __ KRANK __ STARK __ SCHWACH __

ES GING MIR GUT __ NICHT GUT __ WETTERFÜHLIG __

GEFROHREN __   Wetter:

KOPFSCHMERZEN __

_____

_____

ERLEBNISSE HEUTE _____

_____

_____

_____

ÄNGSTE: GESUNDHEIT __ GELD __ FAMILIE __ BERUF __

KONKRET _____

_____

MEIN TAG WAR POSITIV __ NEUTRAL __ NEGATIV __ SCHMERZEN __

KONKRET _____

_____

GLÜCKSMOMENTE _____

MEINE WÜNSCHE _____

WAS HABE ICH GELERNT _____

WAS KANN ICH VERBESSERN _____

_____

ICH FREUE MICH AUF EINEN NEUEN TAG _____

ICH BEDANKE MICH REAL ODER IM GEIST BEI _____

_____

DATUM _____ WOCHENTAG _____

AUFGESTANDEN UM _____ ZU BETT GEGANGEN UM _____

MEIN SCHLAF IST GUT __ UNRUHIG __ SCHMERZEN __ OFT WACH __

BLUTDRUCK IN mmHg _____ _____ _____

BLUTZUCKERWERT IN mg/dl _____ _____ _____

MEIN GEWICHT _____ MEIN WUNSCHGEWICHT _____

KAM POST? KEINE __ POSITIVE __ NEGATIVE __ WERBUNG __

KONKRET _____

FRÜHSTÜCK _____

MITTAGESSEN _____

ABENDESSEN _____

WETTER IST SONNIG __ REGEN __ WARM __ KALT __

MIT DEM WETTER WAR ICH ZUFRIEDEN __ UNZUFRIEDEN __

ICH FÜHLTE MICH GESUND __ KRANK __ STARK __ SCHWACH __

ES GING MIR GUT __ NICHT GUT __ WETTERFÜHLIG __

GEFROHREN __   Wetter:

KOPFSCHMERZEN __

_____

_____

ERLEBNISSE HEUTE _____

_____

_____

_____

ÄNGSTE: GESUNDHEIT __ GELD __ FAMILIE __ BERUF __

KONKRET _____

_____

MEIN TAG WAR POSITIV __ NEUTRAL __ NEGATIV __ SCHMERZEN __

KONKRET _____

_____

GLÜCKSMOMENTE _____

MEINE WÜNSCHE _____

WAS HABE ICH GELERNT _____

WAS KANN ICH VERBESSERN _____

_____

ICH FREUE MICH AUF EINEN NEUEN TAG _____

ICH BEDANKE MICH REAL ODER IM GEIST BEI _____

_____

DATUM _____ WOCHENTAG _____

AUFGESTANDEN UM _____ ZU BETT GEGANGEN UM _____

MEIN SCHLAF IST GUT __ UNRUHIG __ SCHMERZEN __ OFT WACH __

BLUTDRUCK IN mmHg _____ _____ _____

BLUTZUCKERWERT IN mg/dl _____ _____ _____

MEIN GEWICHT _____ MEIN WUNSCHGEWICHT _____

KAM POST? KEINE __ POSITIVE __ NEGATIVE __ WERBUNG __

KONKRET _____

FRÜHSTÜCK _____

MITTAGESSEN _____

ABENDESSEN _____

WETTER IST SONNIG __ REGEN __ WARM __ KALT __

MIT DEM WETTER WAR ICH ZUFRIEDEN __ UNZUFRIEDEN __

ICH FÜHLTE MICH GESUND __ KRANK __ STARK __ SCHWACH __

ES GING MIR GUT __ NICHT GUT __ WETTERFÜHLIG __

GEFROHREN __   Wetter:

KOPFSCHMERZEN __

_____

_____

ERLEBNISSE HEUTE _____

_____

_____

ÄNGSTE: GESUNDHEIT __ GELD __ FAMILIE __ BERUF __

KONKRET _____

MEIN TAG WAR POSITIV __ NEUTRAL __ NEGATIV __ SCHMERZEN __

KONKRET _____

GLÜCKSMOMENTE _____

MEINE WÜNSCHE _____

WAS HABE ICH GELERNT _____

WAS KANN ICH VERBESSERN _____

ICH FREUE MICH AUF EINEN NEUEN TAG _____

ICH BEDANKE MICH REAL ODER IM GEIST BEI _____

_____

DATUM _____ WOCHENTAG _____

AUFGESTANDEN UM _____ ZU BETT GEGANGEN UM _____

MEIN SCHLAF IST GUT __ UNRUHIG __ SCHMERZEN __ OFT WACH __

BLUTDRUCK IN mmHg _____ _____ _____

BLUTZUCKERWERT IN mg/dl _____ _____ _____

MEIN GEWICHT _____ MEIN WUNSCHGEWICHT _____

KAM POST? KEINE __ POSITIVE __ NEGATIVE __ WERBUNG __

KONKRET _____

FRÜHSTÜCK _____

MITTAGESSEN _____

ABENDESSEN _____

WETTER IST SONNIG __ REGEN __ WARM __ KALT __

MIT DEM WETTER WAR ICH ZUFRIEDEN __ UNZUFRIEDEN __

ICH FÜHLTE MICH GESUND __ KRANK __ STARK __ SCHWACH __

ES GING MIR GUT __ NICHT GUT __ WETTERFÜHLIG __

GEFROHREN __   Wetter:

KOPFSCHMERZEN __

_____

_____

ERLEBNISSE HEUTE _____

_____

_____

_____

ÄNGSTE: GESUNDHEIT __ GELD __ FAMILIE __ BERUF __

KONKRET _____

_____

MEIN TAG WAR POSITIV __ NEUTRAL __ NEGATIV __ SCHMERZEN __

KONKRET _____

_____

GLÜCKSMOMENTE _____

MEINE WÜNSCHE _____

WAS HABE ICH GELERNT _____

WAS KANN ICH VERBESSERN _____

_____

ICH FREUE MICH AUF EINEN NEUEN TAG _____

ICH BEDANKE MICH REAL ODER IM GEIST BEI _____

_____

DATUM _____ WOCHENTAG _____

AUFGESTANDEN UM _____ ZU BETT GEGANGEN UM _____

MEIN SCHLAF IST GUT __ UNRUHIG __ SCHMERZEN __ OFT WACH __

BLUTDRUCK IN mmHg _____ _____ _____

BLUTZUCKERWERT IN mg/dl _____ _____ _____

MEIN GEWICHT _____ MEIN WUNSCHGEWICHT _____

KAM POST? KEINE __ POSITIVE __ NEGATIVE __ WERBUNG __

KONKRET _____

FRÜHSTÜCK _____

MITTAGESSEN _____

ABENDESSEN _____

WETTER IST SONNIG __ REGEN __ WARM __ KALT __

MIT DEM WETTER WAR ICH ZUFRIEDEN __ UNZUFRIEDEN __

ICH FÜHLTE MICH GESUND __ KRANK __ STARK __ SCHWACH __

ES GING MIR GUT __ NICHT GUT __ WETTERFÜHLIG __

GEFROHREN __ Wetter:

KOPFSCHMERZEN __

_____

_____

ERLEBNISSE HEUTE _____

_____

_____

_____

ÄNGSTE: GESUNDHEIT __ GELD __ FAMILIE __ BERUF __

KONKRET _____

_____

MEIN TAG WAR POSITIV __ NEUTRAL __ NEGATIV __ SCHMERZEN __

KONKRET _____

_____

GLÜCKSMOMENTE _____

MEINE WÜNSCHE _____

WAS HABE ICH GELERNT _____

WAS KANN ICH VERBESSERN _____

_____

ICH FREUE MICH AUF EINEN NEUEN TAG _____

ICH BEDANKE MICH REAL ODER IM GEIST BEI _____

_____

DATUM _____ WOCHENTAG _____

AUFGESTANDEN UM _____ ZU BETT GEGANGEN UM _____

MEIN SCHLAF IST GUT __ UNRUHIG __ SCHMERZEN __ OFT WACH __

BLUTDRUCK IN mmHg _____ _____ _____

BLUTZUCKERWERT IN mg/dl _____ _____ _____

MEIN GEWICHT _____ MEIN WUNSCHGEWICHT _____

KAM POST? KEINE __ POSITIVE __ NEGATIVE __ WERBUNG __

KONKRET _____

FRÜHSTÜCK _____

MITTAGESSEN _____

ABENDESSEN _____

WETTER IST SONNIG __ REGEN __ WARM __ KALT __

MIT DEM WETTER WAR ICH ZUFRIEDEN __ UNZUFRIEDEN __

ICH FÜHLTE MICH GESUND __ KRANK __ STARK __ SCHWACH __

ES GING MIR GUT __ NICHT GUT __ WETTERFÜHLIG __

GEFROHREN __   Wetter:

KOPFSCHMERZEN __

_____

_____

ERLEBNISSE HEUTE _____

_____

_____

_____

ÄNGSTE: GESUNDHEIT __ GELD __ FAMILIE __ BERUF __

KONKRET _____

_____

MEIN TAG WAR POSITIV __ NEUTRAL __ NEGATIV __ SCHMERZEN __

KONKRET _____

_____

GLÜCKSMOMENTE _____

MEINE WÜNSCHE _____

WAS HABE ICH GELERNT _____

WAS KANN ICH VERBESSERN _____

_____

ICH FREUE MICH AUF EINEN NEUEN TAG _____

ICH BEDANKE MICH REAL ODER IM GEIST BEI _____

_____

DATUM _____ WOCHENTAG _____

AUFGESTANDEN UM _____ ZU BETT GEGANGEN UM _____

MEIN SCHLAF IST GUT __ UNRUHIG __ SCHMERZEN __ OFT WACH __

BLUTDRUCK IN mmHg _____ _____ _____

BLUTZUCKERWERT IN mg/dl _____ _____ _____

MEIN GEWICHT _____ MEIN WUNSCHGEWICHT _____

KAM POST? KEINE __ POSITIVE __ NEGATIVE __ WERBUNG __

KONKRET _____

FRÜHSTÜCK _____

MITTAGESSEN _____

ABENDESSEN _____

WETTER IST SONNIG __ REGEN __ WARM __ KALT __

MIT DEM WETTER WAR ICH ZUFRIEDEN __ UNZUFRIEDEN __

ICH FÜHLTE MICH GESUND __ KRANK __ STARK __ SCHWACH __

ES GING MIR GUT __ NICHT GUT __ WETTERFÜHLIG __

GEFROHREN __   Wetter:

KOPFSCHMERZEN __

_____

_____

ERLEBNISSE HEUTE _____

_____

_____

_____

ÄNGSTE: GESUNDHEIT __ GELD __ FAMILIE __ BERUF __

KONKRET _____

_____

MEIN TAG WAR POSITIV __ NEUTRAL __ NEGATIV __ SCHMERZEN __

KONKRET _____

_____

GLÜCKSMOMENTE _____

MEINE WÜNSCHE _____

WAS HABE ICH GELERNT _____

WAS KANN ICH VERBESSERN _____

_____

ICH FREUE MICH AUF EINEN NEUEN TAG _____

ICH BEDANKE MICH REAL ODER IM GEIST BEI _____

_____

DATUM _____ WOCHENTAG _____

AUFGESTANDEN UM _____ ZU BETT GEGANGEN UM _____

MEIN SCHLAF IST GUT __ UNRUHIG __ SCHMERZEN __ OFT WACH __

BLUTDRUCK IN mmHg _____ _____ _____

BLUTZUCKERWERT IN mg/dl _____ _____ _____

MEIN GEWICHT _____ MEIN WUNSCHGEWICHT _____

KAM POST? KEINE __ POSITIVE __ NEGATIVE __ WERBUNG __

KONKRET _____

FRÜHSTÜCK _____

MITTAGESSEN _____

ABENDESSEN _____

WETTER IST SONNIG __ REGEN __ WARM __ KALT __

MIT DEM WETTER WAR ICH ZUFRIEDEN __ UNZUFRIEDEN __

ICH FÜHLTE MICH GESUND __ KRANK __ STARK __ SCHWACH __

ES GING MIR GUT __ NICHT GUT __ WETTERFÜHLIG __

GEFROHREN __   Wetter:

KOPFSCHMERZEN __

_____

_____

ERLEBNISSE HEUTE _____

_____

_____

_____

ÄNGSTE: GESUNDHEIT __ GELD __ FAMILIE __ BERUF __

KONKRET _____

_____

MEIN TAG WAR POSITIV __ NEUTRAL __ NEGATIV __ SCHMERZEN __

KONKRET _____

_____

GLÜCKSMOMENTE _____

MEINE WÜNSCHE _____

WAS HABE ICH GELERNT _____

WAS KANN ICH VERBESSERN _____

_____

ICH FREUE MICH AUF EINEN NEUEN TAG _____

ICH BEDANKE MICH REAL ODER IM GEIST BEI _____

_____

DATUM _____ WOCHENTAG _____

AUFGESTANDEN UM _____ ZU BETT GEGANGEN UM _____

MEIN SCHLAF IST GUT __ UNRUHIG __ SCHMERZEN __ OFT WACH __

BLUTDRUCK IN mmHg _____ _____ _____

BLUTZUCKERWERT IN mg/dl _____ _____ _____

MEIN GEWICHT _____ MEIN WUNSCHGEWICHT _____

KAM POST? KEINE __ POSITIVE __ NEGATIVE __ WERBUNG __

KONKRET _____

FRÜHSTÜCK _____

MITTAGESSEN _____

ABENDESSEN _____

WETTER IST SONNIG __ REGEN __ WARM __ KALT __

MIT DEM WETTER WAR ICH ZUFRIEDEN __ UNZUFRIEDEN __

ICH FÜHLTE MICH GESUND __ KRANK __ STARK __ SCHWACH __

ES GING MIR GUT __ NICHT GUT __ WETTERFÜHLIG __

GEFROHREN __   Wetter:

KOPFSCHMERZEN __

_____

_____

ERLEBNISSE HEUTE _____

_____

_____

_____

ÄNGSTE: GESUNDHEIT __ GELD __ FAMILIE __ BERUF __

KONKRET _____

_____

MEIN TAG WAR POSITIV __ NEUTRAL __ NEGATIV __ SCHMERZEN __

KONKRET _____

_____

GLÜCKSMOMENTE _____

MEINE WÜNSCHE _____

WAS HABE ICH GELERNT _____

WAS KANN ICH VERBESSERN _____

_____

ICH FREUE MICH AUF EINEN NEUEN TAG _____

ICH BEDANKE MICH REAL ODER IM GEIST BEI _____

_____

DATUM _____ WOCHENTAG _____

AUFGESTANDEN UM _____ ZU BETT GEGANGEN UM _____

MEIN SCHLAF IST GUT __ UNRUHIG __ SCHMERZEN __ OFT WACH __

BLUTDRUCK IN mmHg _____ _____ _____

BLUTZUCKERWERT IN mg/dl _____ _____ _____

MEIN GEWICHT _____ MEIN WUNSCHGEWICHT _____

KAM POST? KEINE __ POSITIVE __ NEGATIVE __ WERBUNG __

KONKRET _____

FRÜHSTÜCK _____

MITTAGESSEN _____

ABENDESSEN _____

WETTER IST SONNIG __ REGEN __ WARM __ KALT __

MIT DEM WETTER WAR ICH ZUFRIEDEN __ UNZUFRIEDEN __

ICH FÜHLTE MICH GESUND __ KRANK __ STARK __ SCHWACH __

ES GING MIR GUT __ NICHT GUT __ WETTERFÜHLIG __

GEFROHREN __   Wetter:

KOPFSCHMERZEN __

_____

_____

ERLEBNISSE HEUTE _____

_____

_____

_____

ÄNGSTE: GESUNDHEIT __ GELD __ FAMILIE __ BERUF __

KONKRET _____

_____

MEIN TAG WAR POSITIV __ NEUTRAL __ NEGATIV __ SCHMERZEN __

KONKRET _____

_____

GLÜCKSMOMENTE _____

MEINE WÜNSCHE _____

WAS HABE ICH GELERNT _____

WAS KANN ICH VERBESSERN _____

_____

ICH FREUE MICH AUF EINEN NEUEN TAG _____

ICH BEDANKE MICH REAL ODER IM GEIST BEI _____

_____

DATUM _____ WOCHENTAG _____

AUFGESTANDEN UM _____ ZU BETT GEGANGEN UM _____

MEIN SCHLAF IST GUT __ UNRUHIG __ SCHMERZEN __ OFT WACH __

BLUTDRUCK IN mmHg _____ _____ _____

BLUTZUCKERWERT IN mg/dl _____ _____ _____

MEIN GEWICHT _____ MEIN WUNSCHGEWICHT _____

KAM POST? KEINE __ POSITIVE __ NEGATIVE __ WERBUNG __

KONKRET _____

FRÜHSTÜCK _____

MITTAGESSEN _____

ABENDESSEN _____

WETTER IST SONNIG __ REGEN __ WARM __ KALT __

MIT DEM WETTER WAR ICH ZUFRIEDEN __ UNZUFRIEDEN __

ICH FÜHLTE MICH GESUND __ KRANK __ STARK __ SCHWACH __

ES GING MIR GUT __ NICHT GUT __ WETTERFÜHLIG __

GEFROHREN __   Wetter:

KOPFSCHMERZEN __

_____

_____

ERLEBNISSE HEUTE _____

_____

_____

_____

ÄNGSTE: GESUNDHEIT __ GELD __ FAMILIE __ BERUF __

KONKRET _____

_____

MEIN TAG WAR POSITIV __ NEUTRAL __ NEGATIV __ SCHMERZEN __

KONKRET _____

_____

GLÜCKSMOMENTE _____

MEINE WÜNSCHE _____

WAS HABE ICH GELERNT _____

WAS KANN ICH VERBESSERN _____

_____

ICH FREUE MICH AUF EINEN NEUEN TAG _____

ICH BEDANKE MICH REAL ODER IM GEIST BEI _____

_____

DATUM _____ WOCHENTAG _____

AUFGESTANDEN UM _____ ZU BETT GEGANGEN UM _____

MEIN SCHLAF IST GUT __ UNRUHIG __ SCHMERZEN __ OFT WACH __

BLUTDRUCK IN mmHg _____ _____ _____

BLUTZUCKERWERT IN mg/dl _____ _____ _____

MEIN GEWICHT _____ MEIN WUNSCHGEWICHT _____

KAM POST? KEINE __ POSITIVE __ NEGATIVE __ WERBUNG __

KONKRET _____

FRÜHSTÜCK _____

MITTAGESSEN _____

ABENDESSEN _____

WETTER IST SONNIG __ REGEN __ WARM __ KALT __

MIT DEM WETTER WAR ICH ZUFRIEDEN __ UNZUFRIEDEN __

ICH FÜHLTE MICH GESUND __ KRANK __ STARK __ SCHWACH __

ES GING MIR GUT __ NICHT GUT __ WETTERFÜHLIG __

GEFROHREN __   Wetter:

KOPFSCHMERZEN __

_____

_____

ERLEBNISSE HEUTE _____

_____

_____

_____

ÄNGSTE: GESUNDHEIT __ GELD __ FAMILIE __ BERUF __

KONKRET _____

_____

MEIN TAG WAR POSITIV __ NEUTRAL __ NEGATIV __ SCHMERZEN __

KONKRET _____

_____

GLÜCKSMOMENTE _____

MEINE WÜNSCHE _____

WAS HABE ICH GELERNT _____

WAS KANN ICH VERBESSERN _____

_____

ICH FREUE MICH AUF EINEN NEUEN TAG _____

ICH BEDANKE MICH REAL ODER IM GEIST BEI _____

_____

DATUM _____ WOCHENTAG _____

AUFGESTANDEN UM _____ ZU BETT GEGANGEN UM _____

MEIN SCHLAF IST GUT __ UNRUHIG __ SCHMERZEN __ OFT WACH __

BLUTDRUCK IN mmHg _____ _____ _____

BLUTZUCKERWERT IN mg/dl _____ _____ _____

MEIN GEWICHT _____ MEIN WUNSCHGEWICHT _____

KAM POST? KEINE __ POSITIVE __ NEGATIVE __ WERBUNG __

KONKRET _____

FRÜHSTÜCK _____

MITTAGESSEN _____

ABENDESSEN _____

WETTER IST SONNIG __ REGEN __ WARM __ KALT __

MIT DEM WETTER WAR ICH ZUFRIEDEN __ UNZUFRIEDEN __

ICH FÜHLTE MICH GESUND __ KRANK __ STARK __ SCHWACH __

ES GING MIR GUT __ NICHT GUT __ WETTERFÜHLIG __

GEFROHREN __   Wetter:

KOPFSCHMERZEN __

_____

_____

ERLEBNISSE HEUTE _____

_____

_____

ÄNGSTE: GESUNDHEIT __ GELD __ FAMILIE __ BERUF __

KONKRET _____

MEIN TAG WAR POSITIV __ NEUTRAL __ NEGATIV __ SCHMERZEN __

KONKRET _____

GLÜCKSMOMENTE _____

MEINE WÜNSCHE _____

WAS HABE ICH GELERNT _____

WAS KANN ICH VERBESSERN _____

ICH FREUE MICH AUF EINEN NEUEN TAG _____

ICH BEDANKE MICH REAL ODER IM GEIST BEI _____

_____

DATUM _____ WOCHENTAG _____

AUFGESTANDEN UM _____ ZU BETT GEGANGEN UM _____

MEIN SCHLAF IST GUT __ UNRUHIG __ SCHMERZEN __ OFT WACH __

BLUTDRUCK IN mmHg _____ _____ _____

BLUTZUCKERWERT IN mg/dl _____ _____ _____

MEIN GEWICHT _____ MEIN WUNSCHGEWICHT _____

KAM POST? KEINE __ POSITIVE __ NEGATIVE __ WERBUNG __

KONKRET _____

FRÜHSTÜCK _____

MITTAGESSEN _____

ABENDESSEN _____

WETTER IST SONNIG __ REGEN __ WARM __ KALT __

MIT DEM WETTER WAR ICH ZUFRIEDEN __ UNZUFRIEDEN __

ICH FÜHLTE MICH GESUND __ KRANK __ STARK __ SCHWACH __

ES GING MIR GUT __ NICHT GUT __ WETTERFÜHLIG __

GEFROHREN __   Wetter:

KOPFSCHMERZEN __

_____

_____

ERLEBNISSE HEUTE _____

_____

_____

_____

ÄNGSTE: GESUNDHEIT __ GELD __ FAMILIE __ BERUF __

KONKRET _____

_____

MEIN TAG WAR POSITIV __ NEUTRAL __ NEGATIV __ SCHMERZEN __

KONKRET _____

_____

GLÜCKSMOMENTE _____

MEINE WÜNSCHE _____

WAS HABE ICH GELERNT _____

WAS KANN ICH VERBESSERN _____

_____

ICH FREUE MICH AUF EINEN NEUEN TAG _____

ICH BEDANKE MICH REAL ODER IM GEIST BEI _____

_____

DATUM _____ WOCHENTAG _____

AUFGESTANDEN UM _____ ZU BETT GEGANGEN UM _____

MEIN SCHLAF IST GUT __ UNRUHIG __ SCHMERZEN __ OFT WACH __

BLUTDRUCK IN mmHg _____ _____ _____

BLUTZUCKERWERT IN mg/dl _____ _____ _____

MEIN GEWICHT _____ MEIN WUNSCHGEWICHT _____

KAM POST? KEINE __ POSITIVE __ NEGATIVE __ WERBUNG __

KONKRET _____

FRÜHSTÜCK _____

MITTAGESSEN _____

ABENDESSEN _____

WETTER IST SONNIG __ REGEN __ WARM __ KALT __

MIT DEM WETTER WAR ICH ZUFRIEDEN __ UNZUFRIEDEN __

ICH FÜHLTE MICH GESUND __ KRANK __ STARK __ SCHWACH __

ES GING MIR GUT __ NICHT GUT __ WETTERFÜHLIG __

GEFROHREN __   Wetter:

__ KOPFSCHMERZEN __

_____

_____

ERLEBNISSE HEUTE _____

_____

_____

_____

ÄNGSTE: GESUNDHEIT __ GELD __ FAMILIE __ BERUF __

KONKRET _____

_____

MEIN TAG WAR POSITIV __ NEUTRAL __ NEGATIV __ SCHMERZEN __

KONKRET _____

_____

GLÜCKSMOMENTE _____

MEINE WÜNSCHE _____

WAS HABE ICH GELERNT _____

WAS KANN ICH VERBESSERN _____

_____

ICH FREUE MICH AUF EINEN NEUEN TAG _____

ICH BEDANKE MICH REAL ODER IM GEIST BEI _____

_____

DATUM _____ WOCHENTAG _____

AUFGESTANDEN UM _____ ZU BETT GEGANGEN UM _____

MEIN SCHLAF IST GUT __ UNRUHIG __ SCHMERZEN __ OFT WACH __

BLUTDRUCK IN mmHg _____ _____ _____

BLUTZUCKERWERT IN mg/dl _____ _____ _____

MEIN GEWICHT _____ MEIN WUNSCHGEWICHT _____

KAM POST? KEINE __ POSITIVE __ NEGATIVE __ WERBUNG __

KONKRET _____

FRÜHSTÜCK _____

MITTAGESSEN _____

ABENDESSEN _____

WETTER IST SONNIG __ REGEN __ WARM __ KALT __

MIT DEM WETTER WAR ICH ZUFRIEDEN __ UNZUFRIEDEN __

ICH FÜHLTE MICH GESUND __ KRANK __ STARK __ SCHWACH __

ES GING MIR GUT __ NICHT GUT __ WETTERFÜHLIG __

GEFROHREN __   Wetter:

KOPFSCHMERZEN __

_____

_____

ERLEBNISSE HEUTE _____

_____

_____

_____

ÄNGSTE: GESUNDHEIT __ GELD __ FAMILIE __ BERUF __

KONKRET _____

_____

MEIN TAG WAR POSITIV __ NEUTRAL __ NEGATIV __ SCHMERZEN __

KONKRET _____

_____

GLÜCKSMOMENTE _____

MEINE WÜNSCHE _____

WAS HABE ICH GELERNT _____

WAS KANN ICH VERBESSERN _____

_____

ICH FREUE MICH AUF EINEN NEUEN TAG _____

ICH BEDANKE MICH REAL ODER IM GEIST BEI _____

_____

Was hat sich nach nun 4 Monaten geändert?
Haben Sie auch gemerkt, dass ein überfüllter Brifkasten mit Werbung nervt?
Dass zu viel Social Media auch nicht gut ist? Dass wenige Kilogramm
weniger besser für die Bewegung ist? Dass das Wetter nicht an allem
Schuld ist? Dass Ängste besprochen und gklärt werden müssen?
Konzentrieren Sie sich auf die Glücksmomente. Schöne Dinge im Leben
sind wichtig. Dazu muss das Negativer erkannt und abgebaut werden.
Was hat Ihnen in den letzten Monaten besonders gut gefallen? Was war
nicht so gut und könnte verbessert werden?

_____

_____

_____

_____

_____

_____

_____

_____

_____

Zum Autorenteam: Dr. Jutta Sültz leidet seit 60 Jahren an Restless-Legs.
Es gibt keine ruhige Nacht. Renate Sültz leidet seit 5 Jahren an Restless-
Legs. Es gibt schlimme Nächte, außerdem leidet sie an großen Schmerzen
im Sprunggelenk, welches ein Trümmerbruch war. Uwe H. Sültz ist 2017
ins Koma gefallen, fast alle Organe fielen aus. Heute ist er auf den Rollstuhl
angewiesen. Alle nehmen Schmerzmittel. Aber ihre positive Lebensein-
stellung kam durch Gespräche, Tagebuch schreiben, erkennen, lernen,
beten und Dankbarkeit. Heute sind SÜLTZ BÜCHER bekannt durch ihre
Gesundheitstagebücher. Folgen Sie SÜLTZ BÜCHER auf GOOGLE.